中国学生成长速读书

总策划／邢涛　主编／龚勋

中国通史

第 2 卷

汕头大学出版社

中 / 国 / 通 / 史
ENCYCLOPEDIA OF CHINA HISTORY

Contents | 目录

中国通史（第2卷）

Part 1 第一章
封建割据的时代

五代十国 公元907年~公元960年

唐灭亡后，中原地区相继出现了五个短暂的朝代，与此同时，南方各地则出现了十个割据政权，史称这一时期为"五代十国"。

梁唐兴替
- 12 朱温建后梁
- 12 洛阳兵变
- 13 晋王灭燕
- 13 后唐建立
- 13 邺都之乱

晋汉周继起
- 14 石敬瑭建后晋
- 14 契丹灭后晋
- 15 后汉建立
- 15 郭威建后周
- 15 周世宗的改革
- 15 世宗征伐

十国纷立
- 16 王建建蜀
- 16 吴越建国
- 16 马殷建楚
- 17 孟知祥建后蜀
- 17 李知诰建南唐
- 17 刘崇建北汉

五代十国的经济文化
- 18 南方农业的大发展
- 18 手工业的繁荣
- 18 李煜与词

Part 2 第二章
重文轻武的时代

北宋 公元960年~公元1127年

公元960年，赵匡胤代周自立，建立北宋。北宋结束了五代十国的分裂割据局面，使中原和南方地区归于统一。

北宋代周
- 20 北宋的建立
- 20 李重进之乱
- 21 假道取荆
- 21 宋灭南唐
- 21 吴越归宋
- 21 太宗灭北汉

相权的削弱和对文人的优待
- 22 削弱宰相权力
- 23 重文轻武的治国理念
- 23 优待士大夫

军权的集中
- 24 杯酒释兵权
- 24 更戍法
- 25 宫宴罢节镇
- 25 加强禁军
- 25 养兵弭乱

宋辽战争
- 26 高梁河之战
- 26 雍熙北伐
- 27 御辽之争
- 27 辽国大举攻宋
- 27 澶渊之盟

北宋与西夏的和战
- 28 六谷部抗夏
- 28 宋夏三川口之战
- 29 宋夏好水川之战
- 29 范仲淹筑大顺城

29　庆历和议

北宋中前期的治乱
30　"五鬼用事"
30　北宋并三司
30　恩荫制度盛行
31　庆历新政
31　武举考试的复置

北宋的农民起义和周边关系
32　川蜀地区的农民起义
32　交趾内附
33　大理入贡
33　侬智高反宋
33　区希范起义

王安石变法
34　制置三司条例司
34　农田水利法的实施
34　募役制度的实施
35　置方田均税法
35　市易法的出台
35　置将法的实施

北宋的衰亡
36　蔡京擅权
36　宋江起义
36　方腊起义
37　徽宗内禅
37　东京保卫战
37　靖康之变

北宋的科技
38　沈括和《梦溪笔谈》
38　官修《本草》
38　苏颂与《新仪象法要》
39　李诫与《营造法式》
39　火药火器的发展
39　印刷术的发展

北宋的文化艺术
40　宋词的兴盛
40　《资治通鉴》的编纂
40　发达的书画艺术

Part 3 第三章
积弱与偷安

南宋　公元1127年～公元1279年

1127年，宋高宗赵构迁都临安，南宋建立。南宋统治者苟且偷安，屈辱求和，但最终仍为元朝所灭。

宋朝南迁
42　南宋的建立
43　黄汪坏政
43　维扬之变
43　钟相、杨么起义
43　定都临安

南宋初期抗金
44　黄天荡大捷
44　岳飞建康之战
44　张浚经略川陕
45　邓州之战
45　郾城之战
45　顺昌大捷

南宋与金的和议
46　绍兴和议
47　岳飞蒙冤
47　隆兴和议
47　开禧北伐

南宋后期与金、蒙古的战争
48　枣阳之战
48　金牛镇之战
48　联蒙灭金
49　江陵之战
49　钓鱼城之战
49　襄樊陷落

南宋灭亡
50　贾似道擅权
50　张世杰守郢州
50　贾似道丧师芜湖
51　李庭芝守扬州
51　南宋覆灭

南宋的文化艺术
52　南宋爱国词的兴盛

52 南戏形成
52 私人藏书的兴盛

Part 4 第四章
草原的崛起

辽 公元907年~公元1125年

辽朝是我国北方契丹族建立的王朝。公元916年，耶律阿保机建立了大契丹国，并逐步建立起比较完整的国家机构，创制了本民族的文字。

契丹崛起
54 古八部统治
54 阿保机建国
55 阿保机建制
55 辽建东丹国

辽与周边民族的和战
56 太宗克唐
56 辽周交战
57 兴宗征西夏
57 辽国五京尽失
57 耶律大石建西辽

辽朝的经济文化
58 发达的畜牧业
58 颇具民族特色的陶瓷业
58 辽代的金属工艺

Part 5 第五章
夹缝中的政权

西夏 公元1038年~公元1227年

西夏为我国党项拓跋贵族建立的封建割据政权。1038年，元昊称帝，建西夏国。西夏建立后，与周边国家多有战事。

党项建国
60 拓跋归宋
60 继捧入朝
60 西平建都
61 德明归宋

61 元昊改制
61 西夏建立

西夏与宋辽金蒙的和战
62 联辽抗宋
62 灵州之战
63 五路御敌
63 援辽抗金
63 中兴府之战

西夏的制度、文化
64 西夏的军事制度
64 西夏文字的创造
64 西夏尚儒

Part 6 第六章
女真的勃兴

金 公元1115年~公元1234年

女真族起源于商周时的肃慎，五代时改称女真。11世纪初，女真在函普的领导下逐渐壮大。1115年，女真首领完颜阿骨打称帝，建立金国。

金国初建
66 女真族的演变
66 函普订约
67 乌古乃结盟
67 阿骨打建金
67 金初的行政制度

金与辽夏宋的征战
68 太祖伐辽
68 燕云取弃
69 太宗灭辽
69 金灭北宋
69 宗浩北伐

金朝前期的制度改革和文字
- 70 沿用南北官制
- 70 天眷新制
- 71 金世宗改革
- 71 女真文字创立

金朝中后期的治乱与衰亡
- 72 海陵王政变
- 72 迁都燕京
- 72 金朝灭亡

元朝的政治和民族制度
- 80 耶律楚材定制
- 80 元朝的中央机构
- 80 元朝的地方机构
- 81 元朝的军事制度
- 81 元朝的户籍制度
- 81 元朝的民族压迫政策

元朝中后期的危机与改革
- 82 英宗新政
- 82 元朝后期的皇位更迭
- 83 文宗文治
- 83 元朝中后期的社会危机
- 83 伯颜擅权
- 83 脱脱更化

元朝的灭亡
- 84 元末的阶级矛盾
- 84 韩山童、刘福通起义
- 85 张士诚起义
- 85 陈友谅称帝建汉
- 85 朱元璋建政权揽儒生
- 85 元朝灭亡

Part 7 第七章
盛世天骄

元 公元1206年～公元1368年
1206年，成吉思汗统一蒙古各部。其后，蒙古不断向外征伐，占领了亚、欧的广大地区。1271年，忽必烈建国号为大元。

成吉思汗建立蒙古
- 74 蒙古的起源
- 74 铁木真灭塔塔儿部
- 75 灭克烈部
- 75 蒙古汗国建立
- 75 六征西夏

窝阔台与蒙哥时代
- 76 拖雷监国
- 76 拔都西征
- 77 蒙哥继位
- 77 吐蕃、大理归附
- 77 旭烈兀西征

忽必烈建元
- 78 忽必烈称帝
- 78 征服西藏
- 79 元大都的兴建
- 79 元统一中国

元朝的宗教与艺术
- 86 基督教盛行
- 86 藏传佛教的兴起
- 86 元曲的盛行

Part 8 第八章
集权下的统治

明 公元1368年～公元1644年
明统治者为强化中央集权，废行中书省，罢丞相，设厂卫特务机构，大兴文字狱，实行恐怖统治。

明朝建立
- 88 朱元璋称帝
- 89 徐达北伐
- 89 分封诸王
- 89 设置辽东都司

明初的中央集权制度

90	明初的军事制度	101	大规模重修长城
90	科举制度的发展	101	九边的设立
90	法律制度的完善	101	热兵器的兴盛
91	三司的设立		
91	丞相制度的废除		**明朝中前期的宦官专权**
91	初行内阁制度	102	东厂的设置
91	特务机构的初现	102	王振擅权
		102	曹石乱政
	明初的边疆民族政策	103	西厂的设置
92	明对西藏的管理	103	汪直、刘瑾擅权
92	茶马贸易		
93	改土归流		**明朝中期的混乱统治**
93	东北边疆统治的加强	104	邓茂七起义
		104	荆襄流民起义
	永乐称制	104	武宗乱政
94	建文帝登基	105	严嵩擅权
94	建文削藩	105	庚戌之变
94	靖难之役		
95	永乐北伐		**西方势力渗入中国**
		106	葡萄牙势力渗入中国
	明初繁荣的外交	106	外国传教士入华
96	赵秩出使日本	106	明末西学东渐
96	日本对马捕倭	107	万历南京教案
97	郑和下西洋	107	荷兰窃据台湾
97	傅安使西域		
97	明朝与东南亚关系的加强		**明中后期抗倭**
		108	倭寇兴起
	明朝与蒙古的关系	108	英宗禁海
98	蒙古贵族建立北元	108	朱纨抗倭
98	也先统一蒙古	109	戚继光、俞大猷闽粤平倭
99	土木堡之变	109	中日朝鲜之战
99	俺答汗受封		
			明与后金的和战
	明朝的军事建设	110	后金计取抚顺
100	朱元璋建立卫所	110	萨尔浒大战
100	土木堡之变后立团营	111	熊廷弼抗金
		111	袁崇焕督师蓟辽
		111	边防危机的加深
		111	孙承宗抗金
			明末的衰败
		112	万历三大征
		112	加派三饷
		113	明末三大案

113 魏忠贤乱政
113 复社之兴

明朝的灭亡
114 高迎祥起义
114 李自成攻克洛阳
115 大西政权建立
115 大顺政权的建立
115 明朝覆灭

明朝的文化艺术
116 长篇小说的繁荣
116 汤显祖和《牡丹亭》
116 《永乐大典》成书

Part 9 第九章
没落与新生··
清 公元1616年～公元1911年

清朝是中国历史上最后一个封建王朝。1911年，清帝溥仪退位，清朝灭亡。自此，中国封建王朝长达两千多年的统治宣告结束。

女真再度崛起
118 建州女真统一
118 后金建国
119 开铁之战
119 宁远大捷
119 辽沈之役

皇太极时期的民族政策和官制
120 皇太极即位
120 八旗官制的设立
121 江都之盟
121 皇太极改革官制
121 漠北蒙古臣服
121 削弱三大贝勒的权力

清军入关
122 建号大清国
122 松山之战
122 顺治继位
123 满洲入关

123 迁都北京

清朝初步统一中国
124 大顺军反清失败
124 大西军抗清败亡
125 清初圈地运动
125 剃发令的实施
125 制定大清律
125 册封达赖

顺治时期的改革
126 顺治亲政
126 四大臣议政
126 清初官制的改革
127 编审人丁

康熙之治
128 康熙亲政
128 内阁制的恢复
128 汉官地位的提高
129 设置南书房
129 平定三藩
129 郑成功收复台湾
129 统一台湾

康熙时期民族边疆的治理和对外战争
130 反击沙俄的侵略
131 东北地区的经营
131 平定噶尔丹叛乱
131 多伦会盟
131 对西藏统治的建立

清初的思想文化和文字狱
132 明清之际思想界的争鸣
132 考据学的兴起
133 理学的提倡
133 庄廷钺案
133 《南山集》案

雍正时期的吏治
134 禁抑宗藩
134 年羹尧之狱
135 整顿吏治
135 军机处的设立

雍正乾隆时期的边疆治理
136 划分北疆
136 平定西藏战乱
137 大小金川之战
137 平定大小和卓叛乱
137 土尔扈特部回归

清朝中后期的社会矛盾
138 文字狱再起
138 禁毁书籍
138 吏治的腐败
139 沉重的地租
139 手工业工人的反抗斗争
139 禁门之役

鸦片战争
140 鸦片的输入
140 虎门销烟
141 鸦片战争
141 第二次鸦片战争

维新思想的兴起
142 西学东渐
142 龚自珍呼吁维新
142 魏源与《海国图志》
143 徐继畬与《瀛环志略》
143 郑观应
143 王韬

太平天国运动
144 金田起义
144 定都天京
145 太平军北伐和西征
145 湘军、淮军镇压起义
145 天京陷落

洋务运动
146 总理衙门
146 江南制造总局创办
147 兴办近代通讯
147 建立船政
147 改革军队

中法战争与甲午战争
148 中法战争
149 清廷设置台湾巡抚
149 中日甲午战争
149 《马关条约》

清朝后期民族资本主义的发展
150 自然经济的衰落
150 中国无产阶级的出现
150 民族资本主义的产生
151 张謇与新式农业
151 "实业救国论"的提出

戊戌变法
152 公车上书
152 强学会成立
152 保国会创立
153 百日维新
153 变法失败

列强瓜分中国
154 赫德把持中国海关
154 日本侵占琉球、台湾
154 德国强占山东
155 沙俄吞并中国西北东北
155 外国在华投资路矿银行
155 美国提出"门户开放"政策

资产阶级革命和清朝的灭亡
156 兴中会成立
156 同盟会成立
157 黄花岗起义
157 保路运动
157 武昌起义
157 清朝灭亡

清朝的文学和艺术
158 朱耷与扬州八怪
158 《桃花扇》与《长生殿》
158 《聊斋志异》和《儒林外史》
159 《红楼梦》
159 《四库全书》的编纂
159 京剧的兴起

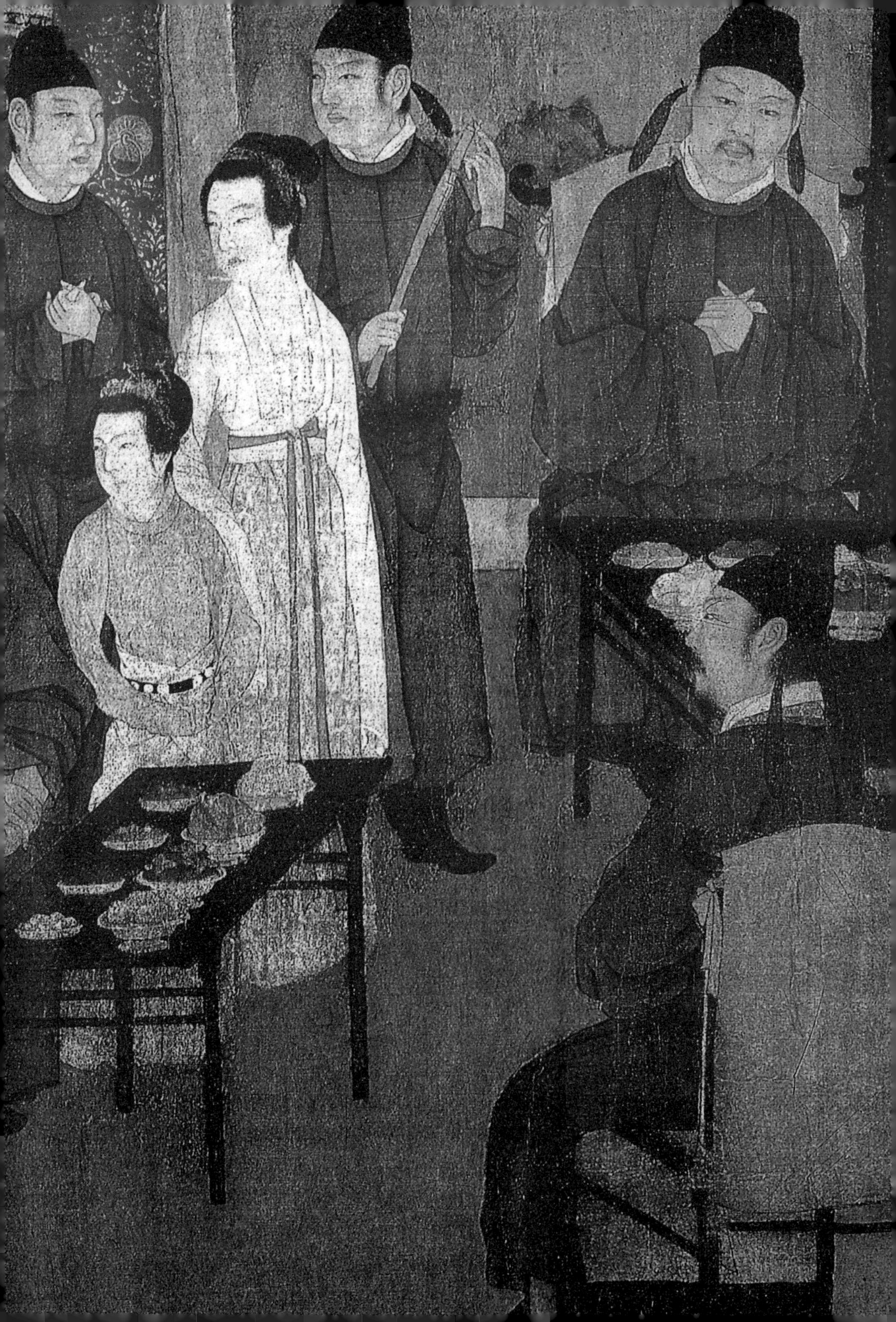

[第一章]

封建割据的时代

五代十国　公元907年～公元960年

　　唐朝灭亡后，中原地区相继出现了后梁、后唐、后晋、后汉、后周五个短暂的朝代，历史上称为"五代"。与此同时，南方各地陆续出现了前蜀、后蜀、吴、南唐、吴越、闽、楚、南汉、南平（荆南）九个主要的割据政权，北方河东地区则有北汉，历史上将这十个分裂的政权统称为"十国"。统观全国，这段时期黄河流域由于战乱频繁，社会经济遭到了严重破坏；相反，南方经济却有较快的发展。五代十国时期出现了一批杰出的词人、画家，南唐后主李煜即是享有盛誉的词作大家。

梁唐兴替

公元907年，唐末农民起义军的叛将朱温废唐帝自立，建国号梁，史称"后梁"。五代十国时代自此开始。后梁建立后，梁太祖朱温与晋王李克用继续争夺霸权。公元912年，朱温被其子杀死，后梁不久被后唐所灭。公元926年，后唐发生邺城之乱，李嗣源即称帝，是为唐明宗。明宗死后，公元936年，后唐为后晋所灭。

鎏金铜观音造像
五代十国战乱频繁，百姓生活朝不保夕，因而都信奉佛教，以求平安。这是当时的观音铜像。

朱温建后梁

宋州砀山县（今安徽砀山）人朱温，唐末参加黄巢起义军，后叛变降唐，被封为宣武节度使。黄巢失败后，朱温大力扩张，初步统一了黄河流域。其后带兵入关，于天祐四年（公元907年）废唐哀帝，自立为帝，改元开平，定都汴（今河南开封），国号梁，史称"后梁"。除河东晋王李克用、凤翔岐王李茂贞、淮南吴王杨渥、蜀王王建外，各镇皆禀奉后梁号，称臣奉贡。

后梁太祖朱温

五代时期武士跪射壁画

梁晋鏖兵

唐朝末年，晋王李克用与朱温为争夺中原领地，鏖战不息。晋王居晋阳，厉兵秣马，四面出击，势力日振；朱温则全力向东，扩展地盘。公元897年，朱温占据了黄河中下游地区，势力超晋。公元907年，朱梁建国，李存勖继嗣晋王，双方鏖兵依旧不断。在多次交战中，双方虽互有胜负，但优势渐由梁转向晋。公元923年，晋灭梁，建立后唐。

五代铜钱

洛阳兵变

乾化二年（公元912年），朱温病危，欲立养子友文嗣位，其子友珪得知后，杀死朱温，秘不发丧，矫诏监国，令均王友贞杀友文。后友珪赶赴洛阳称帝，群臣不服，均王友贞见状乘势起兵，与握有重兵的杨师厚共击禁军。乾化三年（公元913年）二月，友贞兵至洛阳，数千禁军倒戈，友珪自杀。友贞即皇帝位，是为梁末帝。朱梁王朝在晋军压境之际，同室操戈，遂使国力日衰，不久便为后唐取代。

晋王灭燕

乾化元年（公元911年），幽州节度使刘守光得到晋王李存勖的"支持"后，在河北称帝，国号大燕，旋即征讨易定，进攻容城。易定节度使王处向晋王李存勖告急。乾化二年，晋军攻打燕国，于十一月攻下幽州，刘守光被俘。乾化四年（公元914年），晋王诛刘氏父子于晋阳，燕亡，河北之地遂为晋有。

后唐庄宗李存勖

后唐建立

后梁龙德三年（公元923年）四月，晋王李存勖在魏州（今河北大名东南）正式称帝，是为唐庄宗，建国号唐，史称"后唐"。建国后，后唐立即大举攻后梁，灭之。次年，后唐又灭掉蜀国，势力大增。但此后李存勖骄于骤胜，大兴宫室，疏忌宿将，听信谗言，引起朝臣和藩镇的强烈不满，后唐政权陷入激烈的内部纷争之中。

三司使的设置

唐代三司原是三个部门。唐末，昭宗命朱温为三司都制置使管理财政，三司开始合并成一个使职。朱梁建国，理财不属三司，而由建昌宫替代。后唐代梁，以租庸使掌理财政，盐铁、度支、户部三司隶属之。明宗即位，诛租庸使孔谦，复置三司，委宰相一人专判。长兴三年（公元932年），令许州节度使张延朗行工部尚书，充三司使。自此，"盐铁、户部、度支"三司作为掌管国家的财政机构、三司使作为其长官的制度才最后确定。

五代武士画像

五代邢窑狮

邺都之乱

庄宗末年，沉湎声色，恣意暴敛。同光四年（公元926年），伐蜀功臣郭崇韬冤死，降唐名臣朱友谦身亡，使得功臣宿将人人自危。其时戍守瓦桥关的士兵期满回镇，行至贝州（今河北南宫东南），遭朝廷拒绝，士兵于是发动兵变，攻入邺都（今河北大名东南）。庄宗派李嗣源讨伐，不料李嗣源部下哗变，劫持李嗣源，欲立其为帝。李嗣源不从，借机逃出，路上收兵买马，向朝廷表忠心，但未被朝廷理会。于是，李嗣源从众议，与朝廷抗衡。四月，李嗣源攻入洛阳，庄宗被乱兵所诛。李嗣源称帝，是为唐明宗。

五代十国彩绘陶文官俑

晋汉周继起

后唐末期，内政混乱，河东节度使石敬瑭乘机求助于契丹，夺得后唐政权，于公元936年建立后晋。然而契丹贵族借机不断进逼中原，于公元947年灭后晋。后契丹北退，后晋河东节度使刘知远同年在太原称帝，史称后汉。公元951年，邺都留守郭威引兵入汴，杀汉隐帝，建立后周。后周太祖郭威和世宗柴荣采取了一系列改革措施，为日后北宋的统一奠定了坚实的基础。

五代邢窑象

石敬瑭

石敬瑭建后晋

后晋政权的建立者石敬瑭是后唐明宗之婿。后唐末帝时，石敬瑭因曾弹劾末帝而被削官爵，于是石敬瑭开始从事策反活动。他以割地、纳贡、称臣为条件，请契丹出兵灭唐。公元936年，石敬瑭出兵五万，借契丹之力攻入洛阳，后唐政权灭亡。石敬瑭称帝，国号晋，迁都大梁（今河南开封），史称"后晋"。后晋建国后，石敬瑭称契丹主耶律德光为父，每年贡给契丹帛三十万匹，并割让燕云十六州。从此，契丹骑兵可直入山西、河北、山东辽阔地带。

北人会宴图
图中汉人小心谨慎地为契丹人斟酒伺候，印证了中原臣服北方契丹的事实。

契丹灭后晋

虽然后晋每年向契丹贡奉大量财物，辽主仍奴视后晋，稍不如意，辄加责让。后晋天福七年（公元942年），石敬瑭卒，其侄石重贵嗣立为帝。其时后晋政局不安，叛乱迭起。后晋开运三年（公元946年），契丹以后晋皇帝不够恭顺为由，两次出兵进犯中原，于十二月攻入开封，掳走皇帝。次年正月，辽主入汴，后晋亡。后晋共历二帝，十一年。

契丹节度使铜印

儿皇帝

石敬瑭借契丹之力当上皇帝后，按照原来答应的条件，把燕云十六州（又称幽云十六州，指幽州、云州等十六个州，都在今河北、山西两省北部）割让给了契丹，每年向契丹进贡帛三十万匹，还把比他小十多岁的耶律德光称作父亲。石敬瑭当皇帝的七年间，始终对契丹媚事奉承，写信必称耶律德光为"父皇帝"，自己称臣，为"儿皇帝"。这就是历史上著名的"儿皇帝"丑剧。

后汉建立

公元947年，辽兵入主中原，遭到中原人民的顽强抵抗。三月，辽主北退，石敬瑭部将、河东节度使刘知远乘机在太原称帝。五月，刘知远自率大军南下，直达洛阳，汴州百官至洛阳奉迎，晋之藩镇亦相继归降。六月，刘知远入汴州，大赦，建汴州为都，国号汉，史称"后汉"。这是五代第四个封建王朝。

后汉高祖刘知远

郭威建后周

郭威是后汉勋旧，曾辅佐高祖刘知远定天下。刘知远死后，他与众大臣辅隐帝嗣位。乾祐三年（公元950年）四月，契丹南下，朝廷拜郭威为邺都留守，统兵备御契丹。十一月，隐帝不欲为大臣所制，诛戮京师权臣，并遣使往邺都诛郭威，激起邺都兵变。郭威率兵南下，兵临汴京，隐帝为乱兵所杀。到十二月，将士哗变，裂黄旗加之于郭威身上，立其为帝。于是郭威代汉而立，改国号为周，史称"后周"。

后周太祖郭威

周世宗的改革

显德元年（公元954年），周太祖郭威死，其养子柴荣继位，是为周世宗。他在位时，在经济、政治及军事等各方面进行了整顿和改革。政治上，柴荣打破常规，破格任用有才干的人；经济上，减轻百姓负担，兴修水利，整顿钱币，促进商业发展；军事上，严肃军纪，精选骁勇，淘汰怯弱。柴荣的改革没多久就收到了效果，国家的实力逐步增强，为后周后来南征北战的胜利奠定了基础。

周世宗柴荣

世宗征伐

后周实力逐渐增强后，世宗柴荣于公元955年开始了统一全国的进程。柴荣先向西用兵，不到半年就将西面秦、成、阶、凤四州全部占领。接着，柴荣经过三次亲征，迫使南唐将大片江北领地割让给后周。其后，柴荣率领步兵和骑兵数万人从沧州北上出击契丹，仅仅用了四十天的时间，就一举攻占了契丹把守的三关、三州，总计十七个县。这是五代时中原政权和辽交战所取得的最大胜利。

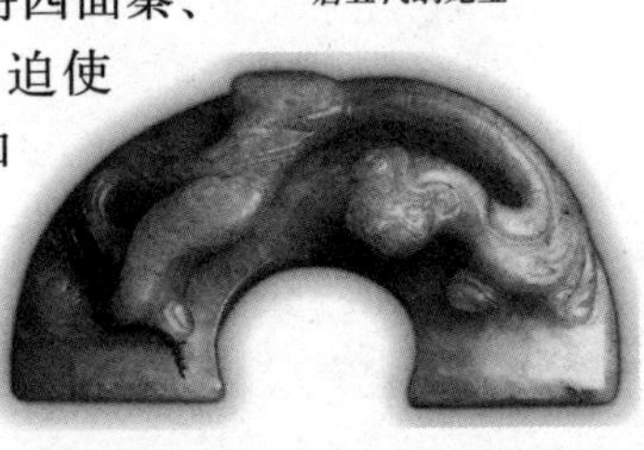

唐五代螭龙璧

十国纷立

与五代同时，中国的南方各地陆续出现了前蜀、后蜀、吴、南唐、吴越、闽、楚、南汉、南平（荆南）九个主要的割据政权，北方河东地区则有北汉，历史上将这十个分裂的政权统称为"十国"。十国与五代并存，但各国存在时间长短和疆土大小不一，存在时间吴越最长，疆土南平最小，南唐最大。

五代十国兴亡表

朝代和国名	创建人	公元年代	灭于何朝何国
后梁	朱温	907～923	后唐
后唐	李存勖	923～936	后晋
后晋	石敬瑭	936～947	契丹
后汉	刘知远	947～950	后周
后周	郭威	951～960	宋
吴	杨行密	902～937	南唐
南唐	徐知诰	937～975	宋
吴越	钱镠	907～978	宋
楚	马殷	927～951	南唐
闽	王审知	909～945	南唐
南汉	刘䶮	917～971	宋
前蜀	王建	907～925	后唐
后蜀	孟知祥	934～965	宋
南平	高季兴	924～963	宋
北汉	刘崇	951～979	宋

王建建蜀

王建原是唐末"忠武八都"都将。唐昭宗时，封其为永平军节度使，后其势力不断扩张。公元891年，王建攻克成都，据有西川。公元897年，他又攻下梓州（今四川三台），尽占东川之地。公元903年，唐封王建为蜀王。公元907年王建称帝于成都，改元开成，建国号蜀，史称"前蜀"。前蜀于公元925年被后唐所灭。

吴越国王钱镠

吴越建国

杭州人钱镠在唐末占据杭州地区，后来，他吞并浙东，占有两浙十余州之地，被唐昭宗任为镇海、镇东节度使，后又被封为越王。公元907年，后梁封钱镠为吴越王，建都杭州，吴越国建立。吴越地域狭小，实力不足，因此一直以效忠中原王朝为主要策略，有效地防御了周边割据势力对吴越国的侵扰。在钱氏统治的八十多年间，吴越地区相对安定，经济繁荣。钱氏政权五传至钱俶，于公元978年降北宋而亡。

五代龙纹白玉带

五代越窑鸟形把杯

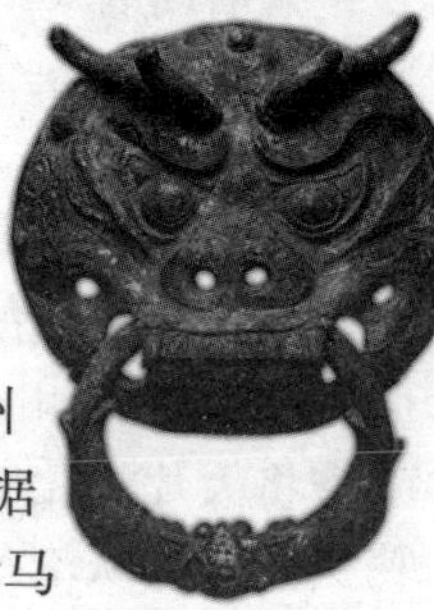

五代鎏金铜铺首

马殷建楚

公元895年，唐廷任命马殷为潭州刺史、武安节度使，据潭州（今湖南郴县）、永州（今湖南衡阳）。后马殷不断扩张，先后占据周边七州之地，而后又占领南方五州之地。公元907年，后梁朱温封马殷为楚王。次年，马殷将辖地扩至二十余州。公元927年，后唐又封马殷为楚王。之后，马殷立宫殿，置百官，建立楚国。后楚国内乱，于公元951年被南唐所灭。

孟知祥建后蜀

公元925年，前蜀灭亡，后唐派孟知祥为西川节度使，董璋为东川节度使，分别镇守二川。孟知祥进入成都后，整练部队，积蓄力量，渐有据蜀之志。后唐庄宗死后，朝廷派李严前往西川监督，李严到达成都，被孟知祥杀死。于是，后唐发兵讨两川。孟知祥乘董璋军大战唐兵时，掠取东川领地。公元932年，东西川干戈相见，董璋大败，为部下所杀，孟知祥尽占东川之地。公元934年，孟知祥称帝成都，国号为蜀，史称"后蜀"。

后蜀石经残片

李知诰建南唐

吴国创业于杨行密，至杨渥时，势力及于江南三十余州。公元908年，张颢、徐温发动政变，杀死杨渥，拥杨渭为王，徐温掌握实权。公元937年，徐温养子徐知诰代吴称帝，定都金陵，复本姓李，改名昪，国号大唐，史称"南唐"。

段氏建大理

公元929年，杨干贞在南诏故地（今四川、云南、贵州、广西等省一带）建立大义宁国。建国后，杨干贞贪暴肆虐，内外皆怨。通海节度使段思平利用民众的不满情绪，于后晋天福二年（公元937年）挥师进至洱海地区，赶走杨干贞，取得政权，改国号为大理，建立了大理国。

五代时期玉剑饰

北汉皇帝刘崇
他先为后汉宗亲，建北汉后，曾向辽自称"侄皇帝"。

刘崇建北汉

公元951年，郭威代汉建周，北京留守、河东节度使刘崇遂以后汉正统自居，在太原称帝，沿袭后汉国号，史称"北汉"（或称"东汉"）。建国后，刘崇曾五路发兵，攻周边境，又曾北结契丹，向辽主称侄，联合发兵进犯后周。公元954年，刘崇趁郭威新死，向后周发动进攻。后周世宗率兵亲征，大败汉军。次年，刘崇病死。继任者一如既往，联契丹攻后周。公元979年，北汉被北宋所灭。

南唐顾闳中《韩熙载夜宴图》局部

五代十国的经济文化

五代十国时期，黄河流域由于战乱纷繁，社会经济遭到严重破坏。但南方经济却有进一步的发展，福建、岭南等地区的农业生产有了长足的进步。南方的商业也很繁荣，出现了繁华的大都市。这一时期，南方的文化事业也较北方为胜，西蜀和南唐出现了一批享有盛誉的诗词作家、画家以及艺术珍品。

五代白瓷枕

吴越地区的堤坝
它保护了农田不受水灾的破坏，促进了农业的大发展。

南方农业的大发展

五代时，南方各国在不同程度上奖励农桑，改革赋税，采取休养生息等政策，使农民负担得以减轻，生产得到稳步发展。当时，劳动人民利用水乡河身较高、田面较低的地势，在河渠两岸、农田周围筑成堤坝。再沿堤坝建水闸，控制水势，旱则开闸引水溉田，涝则闭闸拒水，加强了抗御自然灾害的能力。兴修水利和扩大垦荒，是南方农业生产发展的重要标志和原因。

李煜

手工业的繁荣

五代时期，南方各国手工业都呈现出一片繁荣景象。其中制茶业最为发达，茶叶已成为重要的商品，南平首都江陵是当时全国最大的茶市。制瓷业的进步很快，吴越的越州秘色瓷器、胎质釉色都比以前有进步，是当时瓷器的最上品。丝织业规模也日益扩大。在杭州城内，专为吴越王织锦的工人就有两百多人。在染色方面，南唐发明了一种"天水碧"的颜色，其色鲜明美观。

五代越窑莲花纹盏托

李煜与词

词在五代十国时期有较大的发展，南唐后主李煜就是杰出的词人。李煜前期的词主要描写宫廷生活，也有抒发悲愁的内容；后期的词抒发了国破家亡的悲愤之情。在脍炙人口的《虞美人》和《浪淘沙》两词中，李煜把从皇帝的荣光到囚徒的悲伤这一沦落过程，描述得分外真切和沉重，具有极大的艺术感染力。五代十国时期词的发展，为宋代词的鼎盛奠定了基础。

[第二章] Part2
重文轻武的时代

北宋 公元960年~公元1127年

公元960年，赵匡胤代周自立，建立宋朝，史称"北宋"。北宋结束了五代十国的分裂割据局面，使中原和南方地区归于统一。为防止再度出现分裂，北宋采取集权措施加强专制统治，为经济、文化的高度发展创造了良好的条件，但最后却形成"强干弱枝"的政治格局，北宋社会由此陷入"积贫积弱"的局面中。1127年，金人掳走宋徽宗、宋钦宗二帝，宋政权南迁，北宋灭亡。北宋科技发达，活字印刷术发明，火药火器得以发展，医学进步。北宋统治者重文轻武，文学艺术呈现出了一派繁荣景象。

北宋代周

公元960年，后周禁军统帅殿前都点检赵匡胤以抵御北汉和辽的进攻为名率兵北上，途中发动兵变，夺取了后周的政权。赵匡胤改国号为宋，定都东京（今河南开封），史称北宋。北宋政权建立后，首先用近一年的时间镇压后周藩镇的反抗，巩固了政权。然后陆续灭掉南平、后蜀、南汉、南唐和吴越，最后于公元979年扫平北汉，结束了五代十国分裂割据的局面。

缠枝花卉纹金带
这是宋朝官员在腰间所束的衣带。

黄袍加身

北宋的建立

公元959年，后周世宗柴荣病逝，7岁的儿子柴宗训继位，是为恭帝，军权掌握在宋州归德军节度使、殿前都点检赵匡胤手中。公元960年春，赵匡胤谎报北汉和辽朝会师来攻，于是奉命带兵北上。到了开封东北的陈桥驿（今河南开封东北），他发动兵变，"黄袍加身"，而后回师都城，夺取了后周政权，定国号为"宋"，史称"北宋"，赵匡胤即为宋太祖。

宋太祖赵匡胤

陈桥兵变

后周时，赵匡胤屡立战功，被令统率后周禁军——殿前军。赵匡胤幕僚众多，实力雄厚。六月，世宗卒，恭帝继位。次年正月初一，赵匡胤以抵御北汉和辽军为名率兵北上。初三，大军抵达陈桥驿。是夜，赵匡胤被众将灌醉，其弟赵匡义和谋士赵普等与留守京城的禁军联络。次日黎明，赵普等率众将进赵匡胤寝所，加黄袍于其身。旋还军开封，于崇元殿行禅代礼。

李重进之乱

李重进为后周太祖郭威外甥。周恭帝即位时，李重进任淮南节度使，镇守扬州。宋代后周后，重进自以周室近亲，恐不得全，遂于公元960年据扬州反宋。赵匡胤亲征。宋军攻破扬州，重进赴火死，弟重赞、子延福也被杀。李重进之乱被平定后，各地方镇俱听命宋廷，赵宋政权遂得以稳固。

近世出土的后周武器残件

假道取荆

公元962年，荆南节度使高保勖死，其侄高继冲即位，适逢楚国大将张文表叛变。公元963年，太祖以讨张文表为名，派慕容延钊、李处耘率兵会襄阳（今湖北襄樊）。李处耘先遣使以假道之意，请高继冲犒劳宋军，继冲遣梁延嗣等至荆门犒师。李处耘率轻骑直趋江陵（今湖北江陵），高继冲大惧，遂奉表献3州17县之地。荆南亡。

都省铜坊铜镜
南唐官营作坊生产。

《雪夜访普图》
明代刘俊的《雪夜访普图》描写宋太祖赵匡胤退朝之后，于风雪之夜造访重臣赵普并与之谋划如何结束十国割据局面的故事。

宋灭南唐

开宝四年（公元971年），北宋灭南汉，南唐后主李煜惧，上表改称江南国主，外示畏服而内缮甲兵。开宝七年（公元974年），宋太祖诏李煜赴阙，李煜称疾不奉诏，宋遂兴师征讨。十一月，宋军于采石（今安徽马鞍山内）大败南唐军，于开宝八年正月直趋南唐首府金陵（今江苏南京）。宋师围金陵，自春到冬，居民樵采路绝。十一月，宋军攻陷金陵，李煜降，南唐亡。宋得江南之地，凡19州、3军、108县。

吴越归宋

宋建隆元年（公元960年），吴越国王钱俶遣使贺太祖即位，太祖授俶天下兵马大元帅，自此贡奉不绝。开宝九年（公元976年），钱俶与妻子至开封朝见，太祖特赐其剑履上殿。太宗即位，公元978年，钱俶至开封朝见，尽辇其府实而行，犀象、锦采、金银等逾巨万计，厚其贡奉，意求返国。适逢清源军节度使陈洪进献漳、泉二州，钱俶恐惧，上表献所管13州、1军、86县，吴越亡。

宋朝的骑士俑

宋代武士复原图

太宗灭北汉

太平兴国四年（公元979年）正月，太宗派兵围攻太原。二月，太宗亲自督师伐北汉。三月，北汉求救于辽，辽遣耶律沙率兵救援，为宋军大败。四月，太宗至太原城下，宋军猛攻不息。五月，北汉主刘继元奉表乞降，太宗许之。北汉遂亡。五代十国的分裂割据局面最终结束。

相权的削弱和对文人的优待

北宋初年，宋朝皇帝采取了一系列措施加强中央集权。为了不使宰相的权力太重，太祖采用分化事权等各种方法削弱宰相权力，同时还加强御史台和谏院的权力，使之作为皇帝的耳目。此外，宋朝还重用文人，压制武人，以防武将权重，威胁政权。这些措施使宋朝封建专制主义的中央集权大大加强，给政治局面的统一、经济文化的发展，创造了良好的条件。

宋代官服

宋牌子金
这种纯金的牌子经常被君主用来作为赏赐给重臣的礼品。牌上有制作者的名号。

削弱宰相权力

宋太祖为了加强中央集权，避免出现"君弱臣强"的局面，决定削弱宰相的权力，具体措施有：宰相只管一般行政，军事分归枢密使；以三司使（盐铁、度支、户部）分取宰相财权；设审官院以分宰相任免中级朝官之权；设审刑院以分宰相刑案终审权。此外，还多取学术才行高者任台、谏官，以牵制宰相等级官吏。

增设参知政事和枢密院

宋初设参知政事，协助宰相处理事务。公元973年，有人告赵普以权谋私。太祖疑普，令参知政事升堂，与宰相同议政事，有权押班、奏事、知印。宋太祖为了分割相权，专门设立枢密使掌军权，俗称"西府"，与掌管政务的政事堂（中书门下，东府）合称"二府"。二府对峙，互相牵制，皇权更加集中。宋初还规定枢密院有发兵之权而无握兵之重；京师之兵总于三帅，三帅有握兵之重无发兵之权。因此，北宋长期以来没有发生将帅向皇帝夺权的兵变。

宰相赵普权力日重，引起了太祖的猜忌。

宋持笏朝臣立俑

废除宰相坐议礼

公元960年，宋朝废除了宰相坐议之礼。以往各朝，每逢国家大事，皇帝必召宰相等重臣坐在一起，共同商议。议毕，皇帝赐茶，臣子方可退下。赵匡胤建宋后，仍留用范质、王溥等后周重臣。他们曾受周皇重用，因此容易受到猜忌；加上宋太祖猜忌心较重，稍有不慎，便会祸从天降。为了尽量减少与太祖见面的机会，范质、王溥等后周之臣联名上疏，奏请改变旧制，不再由君臣坐在一起共同商讨，代之以奏札。宰相有事，可奏呈皇帝，皇帝批阅后，再给宰相下旨。赵匡胤批准此法。从此，宰相"坐而谈事"的待遇就被取消了。

重文轻武的治国理念

宋太祖赵匡胤是通过兵变登上皇位的，他深知武将权重的危险性。为了解决唐末五代以来军人权力过大导致颠覆政权的问题，宋太祖决定以文人取代武人掌握国家实权。政府最高级的政、军官员，几乎全部由文人出任；又不断增加科举考试的录取名额，使文人有更多机会进入仕途。此外，按照宋太祖的遗训，皇帝甚至不能杀害士大夫。于是，以往在社会上横行无忌的武人逐渐式微，文人的地位日益提高。

宋宰相赵普

宰相赵普

赵普，字则平，原籍幽州(今北京)，后迁居洛阳，是北宋开国名相。宋初重大国策，诸如平定叛乱、削弱节镇兵权、文臣知州等，赵普均参与谋划。然而普为政颇专，廷臣多忌之，太祖晚年亦对其渐疏，设参知政事以分其权。未几，罢为河阳三城节度使。太宗时，又两任宰相。淳化三年(公元992年)，以病老辞职。普善ända，但少学术。太祖劝其读书，乃手不释卷读《论语》，故有"半部《论语》治天下"之说。

文臣知州事

五代时，州郡长官多以武人为之，他们不明治道，骄恣不法，荼毒生民，实为乱源。宋太祖说："五代方镇残虐，民受其祸，朕今选文臣强干者百余人，分赴各地，纵皆贪浊，亦不及武臣一人。"又采取赵普的建议，用"或因其卒，或因迁徙，或因遥领他职"等办法，渐削方镇之权，皆以文臣代之。于是王明、辛仲甫等文臣相继命为知州，地方政局果然趋于稳定。

宋朝文官像
自宋太祖开始实行文人治国之后，宋朝文官的权力大增。

优待士大夫

宋朝统治者以"与士大夫治天下"为国策，对士大夫特加优待，主要表现在：制禄丰厚。京朝官有正俸、禄粟、职钱、茶酒厨料、薪蒿炭盐、饲马刍粟、米面羊口等，

宋时租种地主土地的佃农

皆分等供给，十分优厚；外官别有公用钱、职田、茶汤钱等。退职恩隆。特设祠禄之官，以逸老优贤，为其他朝代所未有。荫子之滥。不仅现任文臣武将可按其官职荫子若干，甚至致仕遗表者亦可荫补。宋朝待士之优礼，真到了无可复加的程度。统治的基础固然扩大了，人民的负担也因此加重了。

《恩荫子弟游乐图》
北宋时，凭借父辈得到恩荫的纨绔子弟游手好闲，不学无术。

军权的集中

为了防止割据局面重演,宋初采取了一系列集中军权的措施。宋太祖首先解除了石守信等宿将的兵权;后罢免了诸藩镇的兵权;又创设"更戍法",造成将不专兵、兵不识将的局面,使军将不能依仗军队威胁皇权。宋代还实行"养兵弥乱"等军事方针。这些措施巩固了中央集权,也削弱了军事力量,冗兵多过,军费浩繁,埋下积贫积弱的祸根。

石守信

杯酒释兵权

宋初,太祖接受宰相赵普建议,解除武将兵权,以免重蹈晚唐以来武将专横、君弱臣强之覆辙。建隆二年(公元961年),太祖召侍卫马步军都指挥使石守信、殿前都指挥使王审琦等宿将饮酒,劝谕他们释去兵权,多积金钱,择便好田宅市之,多置歌儿舞女,终其天年,众将会其意。次日,石守信、王审琦、高怀德、张令铎等大将皆辞去中央军职。

更戍法

太祖初定天下,为惩兵骄将专、横猾难制之弊,于乾德三年(公元965年)采纳宰相赵普的建议,设立更戍法。此法规定:分遣禁军出戍边地,一二年更换一次。更替出戍,可以使士兵"习勤苦,均劳逸",免得留恋家室。禁军将官由朝廷任命,不固定。军官提升时,都调离原来的队伍。这造成了"兵不识将,将不识兵","兵无常帅,帅无常师"的局面。这就使得禁军将领无法拥兵割据。

宋朝武士
这位武将手持大斧,身穿步兵铠甲,是使用冷兵器的宋军的典型形象。

杯酒释兵权

宫宴罢节镇

收回对禁军的控制权之后，太祖开始着手回收藩镇的兵权。公元969年，凤翔节度使王彦超等诸藩镇入朝。太祖设宴招待。酒酣，太祖从容说道："你们都是国家重臣，却政务繁忙，不是我优贤敬老之意。"王彦超领会其意，告老请辞，但武行德、郭从义等节度使竟自陈攻战艰苦。太祖当即说："这些事，何足论？"次日，罢去二人之职，仅保留其每逢一、五日朝见皇帝的"奉朝请"的待遇。自此，藩镇势大难制之痼疾也被根除。

后宫闲坐的宋朝皇帝

"拱圣下千都虞候朱记"铜印
宋太祖为加强对禁军的直接控制，不设最高军职，而代之以"三衙"。"拱圣"为"三衙"中侍卫司马军所辖的部队之一。

加强禁军

宋初，太祖惩前代藩镇兵强之弊，决定聚精兵于中央。公元961年，太祖令殿前侍卫司选骁勇士卒充上军，又令诸州选壮勇兵士送京师充禁兵。公元965年，选士卒强壮者定为样兵，分送诸道，招募教习，待其技艺精炼，送京师充禁军。太祖常亲自试其骑射。凡才力技艺过人者，皆招入京师。

六角形金杯
宋朝的阶级分化十分严重，农民常常食不果腹，而上等主户却过着奢华的生活，连酒具都是金或银制的。

役使厢兵

宋代之兵有禁兵、厢兵、乡兵和番兵四种。其中厢兵是诸州之镇兵。太祖将藩镇兵士中的强壮者选入禁军后，将剩余在本地的老弱残兵组成厢兵。厢兵不施训练，无出征之任，惟事修缮、看管运送、土木营建等。厢兵劳役极其沉重，军俸却很微薄，因此死亡和逃跑现象严重。

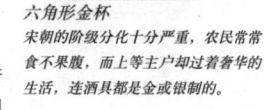

将从中御

所谓将从中御，是指君主对率军出征的将领，不给以机断行事的指挥全权，事事必须秉承皇帝或朝廷的旨意行动。宋太祖以禁军首领而谋取帝位，因此，他在建国后，对武人疑忌尤甚，采取种种手段将武将之权收夺殆尽。兵机贵îu速，但大将只能按皇帝所授阵图行事；战事应随机应变，而大将只能按皇帝所授命令决定进退。因而将从中御的政策实施后，宋军虽然为数众多，但勇敢无所奋、智谋无所施，出征常常打败仗。

养兵弭乱

太祖建立宋朝后，召赵普等大臣议论统治之术。太祖认为可以为百代利者，唯养兵而已。逢灾荒之年，有叛民而无叛兵；安乐之年，有叛兵而无叛民。鉴此，宋廷于饥荒之年招募饥民为兵，以供守卫，使本是社会不安定因素的大批失业者都转化为巩固统治的力量。

龙亭
开封龙亭是北宋皇家林苑，图为今人所重建之建筑。

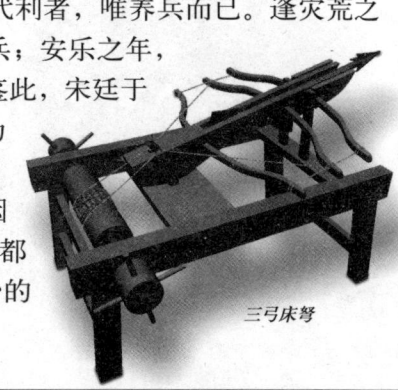

三弓床弩

宋辽战争

公元979年，宋太宗灭北汉后，企图乘胜收复幽云十六州，在高梁河被辽军大败而归。公元986年，宋太宗再次征辽，因东路主力大败而告失败。自高梁桥、歧沟关之战后，北宋对辽由进攻转为防御，辽军乘势反攻。1004年，辽军大举南下，在形势对宋军有利的情况下，双方达成和议，订立"澶渊之盟"。此后的近120年中，双方没有再发生大的战争。

宋太宗赵光义

高梁河之战

高梁河之战是宋辽第一次大战。公元979年，宋太宗既已灭汉，欲乘胜攻辽，取幽蓟。而此时宋朝将士都已疲乏不堪。太宗率军北上，首败辽于沙河（今河北定兴西北），进围幽州（今北京）。后宋辽两军在高梁河（今北京西直门外）一带发生激战，宋军大败，辽兵追杀三十余里，斩首万余级。太宗大腿中两箭，逃至涿州（今河北涿州），乘驴车遁还。

辽国银制马具

雍熙北伐

公元982年，辽景宗卒，圣宗继位。公元986年，宋太宗听取众臣建议，决定乘圣宗年幼之时，开始北伐。太宗派出三路大军北上。曹彬、米信为东路军，田重进率中路军，潘美、杨业为西路军。其中，东路军为主力，人数达二十万以上。三路合计，兵力逾三十万，史称"雍熙北伐"。雍熙北伐虽声势浩大，但与辽作战过程中屡屡损兵折将，最终失败。

杨业之死

雍熙三年（公元986年），辽国反扑北宋。宋太宗命潘美、杨业率军护民南徙。杨业主张暂避辽军锐气，不与交战。潘美部将妒业屡立战功，对其挖苦讽刺，迫其出战。杨业被迫出战，临行前请求在陈家谷设伏兵救援。在狼牙村宋、辽两军大战，杨业寡不敌众，退到陈家谷口，不见援兵，遂率余部再战，身被数十创，仍坚持杀敌，最后被俘，绝食三日死。其子延玉亦奋战而死。

杨业和夫人塑像

辽国瓷马镫壶
辽国兵士长年生活在马背上，这种饮水用具是他们身边必不可少的。

御辽之争

雍熙北伐失败后，宋君臣就对辽和战问题展开激烈争议。等到征辽宋将曹彬兵败的消息传到京城，武胜军节度使赵普立即上疏，指斥北伐，要求严惩主谋北伐的大臣。公元989年，契丹攻陷易州，太宗招群臣商议，宰相李昉引汉唐故事，主张对契丹修好，其余大臣亦主张变攻为守，反对北伐。唯宋琪力主讨伐。宋太宗虽屡诏议北伐，其实并无北伐之意，君臣上下主战者寥寥，主和之议充斥朝野。从此，宋对契丹停止征伐，完全转入被动防御。

塞门刀车
这种车在宋代用以守城堵塞缺口。

辽国大举攻宋

1004年，契丹圣宗与萧太后率兵二十万攻宋。大臣王钦若、陈尧叟等畏敌，请真宗放弃汴京南逃。宰相寇准力排众议，促真宗御驾亲征。此时辽军围瀛州不下，南下直抵澶州城北。在寇准及殿前都指挥使高琼的催促下，真宗渡河登澶州北城门楼，士气大振。辽军先锋顺国王萧挞览被宋军射死。辽军兵锋稍挫，形势转为被动。

澶渊之盟

宋代银锭
白银作为称量货币，常铸成银锭。北宋时，宋曾将大量白银作为"岁币"送给辽和西夏。

澶渊之盟

澶州之战后，形势对宋十分有利。但宋朝君臣颇多厌战，辽入宋境后亦多处失利，双方均有和意。几经交涉，双方于1005年1月订立澶渊之盟，主要内容是：宋辽维持旧疆，约为兄弟之国；宋每年送辽国银10万两，绢20万匹，称为"岁币"；沿边城市只能依旧完葺，不许增修城堡及开挖河道等。澶渊之盟的签订，使宋辽战事基本结束，为双方和平往来创造了条件。

宋代榷场

宋辽榷场贸易

宋初建国时，宋辽之间已有缘边互市。太平兴国二年（公元977年），宋在镇、易、雄、霸、沧等五州设置榷场，与辽贸易。待澶渊之盟后，宋辽榷场贸易转入正式轨道。宋向辽输出的商品主要有香药、犀象、茶叶、苏木、缯帛、漆器、瓷器等，辽向宋主要输出银、布、羊、马、骆驼。双方贸易量都很大，宋于榷场之税收就达40万两。宋辽榷场贸易密切了南北地区经济文化联系，补充了双方物质文化生活的不足。

北宋与西夏的和战

夏州（今陕西横山西北）李氏，党项族人，原姓拓跋，唐赐姓李。传至李继迁时，与宋不断发生边境冲突。李德明即位后，于1006年与宋签订和约，双方维持了近三十年的和平局面。元昊称帝后，从1040年起不断对宋发动战争，每每大败宋军。西夏虽获胜，然财力不支，再加上宋停止贸易，使西夏失去了紧缺物资的来源。因此，元昊被迫于1044年与宋重订和约。此后，两国又维持了二十多年的和平局面。北宋后期，两国仍是时战时和。

宋真宗赵恒

六谷部抗夏

1002年，西夏首领李继迁反宋，东陷灵州（今宁夏灵武西南），向西威胁凉州六谷政权。六谷是东部吐蕃部落联盟，为抵御夏的西侵，他们积极向宋朝靠拢。同年，六谷向宋进战马五千匹，又多次上书，请求宋朝出兵，并愿协同宋兵收复灵州。随后，李继迁攻入凉州，六谷都首领潘罗支伪降，继迁信以为真。不久，罗支召六谷部族偷袭夏军，夏军大败，继迁被箭射中，逃至灵州身亡。

西夏所建的一百零八塔

宋代巢车

夏竦条十事

康定元年（1040年），西夏后继者元昊叛宋，夏竦时为宋陕西经略安抚使。他反对武力伐夏，而以防御为对策，列十条对策如下：教习强弩练奇兵，羁縻属羌为藩篱，诏吐蕃王唃厮啰并力攻夏，度地势而增减屯兵，诏诸路互相应援，募土人为兵，增置弓手、壮丁，合并沿边小砦，听关中民入粟赎罪，裁减冗官、冗兵。

宋夏三川口之战

康定元年元月，元昊进围延州（今陕西延安），延州知州范雍急召鄜延路副部署刘平、石元孙救援。三日，刘、石在三川口（今陕西安塞西）西十里扎营，都监黄德和、巡检万俟政、郭遵等也率兵来援。五将结阵东行，至三川口遇夏军伏兵。郭遵战死，刘平负伤后率余众退保西南山。次日，夏军围截之，大败宋军，生擒刘平、石元孙。后夏军围延州七日，逢连夜大雪，被迫退兵，延州之围遂解。

宋夏好水川之战

1041年,元昊派精兵十万谋攻渭州(今甘肃平凉)。陕西经略安抚使韩琦拨镇戎军及新募之兵一万八千人交给环庆副总管任福,令其迎击夏军。任福与夏军先战于张家堡(今甘肃隆德北)南,夏军佯败,任福引军追至好水川(今甘肃静宁东)扎营,元昊以十万精兵伏于好水川口。次日晨,任福率军将至川口,夏伏兵四出,宋军坠崖死者无数。夏军又断宋军后,任福力战,绝喉而死。此仗夏军大胜,宋军死者达万人。自此,宋军对西夏完全改为守势,不再轻言进攻。

韩琦

范仲淹筑大顺城

在庆州(今甘肃庆阳)之东、延州(今陕西延安)之西,西夏有百余里辖地伸入宋境,夏复置金汤、白豹、后桥三砦,为宋夏出入必经之地。1042年,环庆路经略安抚、缘边招讨使范仲淹徙知庆州,欲于州城西北马铺砦筑城。马铺砦在夏国腹里。范仲淹知筑此城夏人必来争,遂密遣其子纯祐等率兵先据其地,后令筑城。夏军来扰,纯祐等且战且役,旬日城成,赐名大顺。元昊惧大顺城扼其要冲,以三万骑来战,被范仲淹击退。宋筑大顺城后,夏人不敢轻犯庆州,一路遂安。

宋刻画银盘

庆历和议

宋仁宗时,宋夏争战,宋军多遭惨败。西夏虽多获胜,但国小力弱,经济出现危机,还要时刻提防辽国的进攻。为了集中力量对付辽国,元昊不得不主动向宋朝请和。经过两年多的反复协商,宋夏于1044年达成和议,内容为:西夏向宋称臣,宋册封元昊为夏国王,每年赐绢15.3万匹,银7.2万两,茶3万斤;开放榷场互市,唯不通青白盐。和议签订后,双方获得了短暂的和平,直至宋神宗即位。

宋夏榷场贸易

景德四年,宋于陕西保安军(今陕西志丹)设置榷场,与夏展开经济贸易。后在镇戎军(今宁夏固原)又增一榷场。在榷场贸易中,宋对夏主要输出缯帛、罗绮、香药、瓷器及农副产品,西夏主要输出驼、马、牛、羊、玉、毡毯、药材等,羊、马为大宗。榷场贸易是宋夏经济文化交流的重要渠道,对西夏来说更是它的主要经济命脉。

宋龙泉窑双系长颈盖瓶

西夏文腰牌

北宋中前期的治乱

北宋中前期，辽、西夏不断向中原地区进攻，北宋政府只得妥协求和，用"纳币"的办法维持边境的安宁。同时，北宋的阶级矛盾日益尖锐，小规模农民起义不断爆发。真宗时"五鬼用事"，朝政混乱，加之实行"恩荫"制度，冗官日益增多，积贫积弱的局面使北宋国势日衰。宋仁宗时，范仲淹等推行了庆历新政，但由于保守势力的反对，新政很快就失败了。

"五鬼用事"

宋真宗大中祥符年间，朝中大臣王钦若、丁谓、陈彭年、刘承规、林特五人相互勾结，时人号为"五鬼"。"五鬼"劝帝封禅、祭祀，开支庞大，国库日竭。时又值大旱，民益困。"五鬼"穷极奢侈，官员不附"五鬼"者，均被贬黜。"五鬼"用事，致使北宋国势日衰。

北宋并三司

北宋初年，盐铁、度支、户部三司各置使局，互不统属，常发生矛盾，需要皇上裁定。于是宋真宗并盐铁、度支、户部为一使，命刑部侍郎、权知开封府寇准为兵部侍郎，充三司使。又重设盐铁、度支、户部副使，三司副使从此开始预内朝。陈恕在任时，三司条例多由他改创，寇准多遵循陈恕制定的三司条例。

恩荫制度盛行

大中祥符八年（1015年）正月，宋真宗定下承天节（真宗生日）奏荫子弟的恩例，宋代恩荫之滥自此开始。宋代恩荫名目繁多、人数众多，凭借父祖恩荫补官的纨绔子弟养尊处优，不学无术，其中很多人文不能识字，武不能射箭，素质十分低下。恩荫制度是造成北宋官员冗杂泛滥的主要原因之一。

庆历新政

仁宗统治时期，土地兼并加剧，赋役日益不均，农民起义不断爆发，再加上辽、夏不断进攻，宋政权处于内外交困之中。1043年，参知政事范仲淹上疏，提出十项改革方案：明黜陟、抑侥幸、精贡举、择官长、均公田、厚农桑、修武备、减徭役、覃恩信、重命令。宋仁宗大部采纳，并颁行全国，史称"庆历新政"。但变法主张触犯了官僚地主的利益，仅仅一年左右，范仲淹等人就相继被迫离职，变法随之流产。

范仲淹

包拯

范仲淹设立义庄义学

宋仁宗皇祐二年（1050年），范仲淹在家乡姑苏（今江苏苏州）买民田数千亩，将每年所得租米，供族人贫困者衣食、婚嫁和丧葬之用，始称"义庄"。此后，义庄在各地逐渐盛行。其目的在于缓和族内矛盾，救济贫苦宗人。范氏义庄为宋代宗族置田开创了先例。在设立义庄前，范仲淹还于景祐二年（1035年）在姑苏设立义学，作为其宗族子弟学习之所。学规仿照当时著名书院制订。一时，官员、地主纷纷仿效。

包拯知开封

包拯是北宋庐州合肥（今属安徽）人，其于嘉祐元年（1056年）权知开封府。包拯为官以断讼明敏正直著称，知庐州时，执法不避亲党。知开封时，变旧制、开正门令讼诉者直达堂前，杜绝吏奸，贵戚宦官为之敛手。时中官、势族筑园榭多跨惠民河，以致河塞不通。京师大水，拯悉毁去之。京师有"关节不到，有阎罗包老"之语，人称"包青天"。

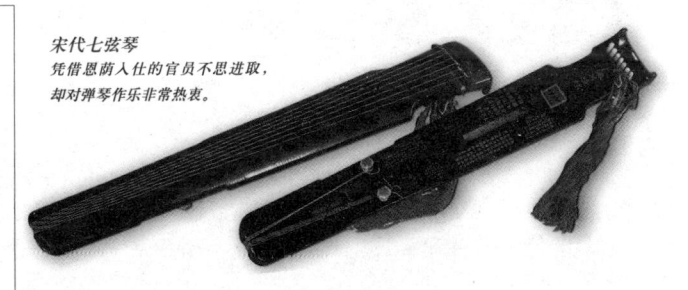

宋代七弦琴
凭借恩荫入仕的官员不思进取，却对弹琴作乐非常热衷。

武举考试的复置

武举考试始创于唐朝武则天时期。1029年，宋承唐制，设置武举考试，1049年废罢。1064年再置。考试分比试、解试、省试、殿试四级，内容有步射、马射、马上武艺等，武艺和体力的要求比唐代稍低。但是，宋代武举要考试军事知识、时务、边防、法律条令等，重视武将的才略。应试者殿试合格后，分别赐"武举及第"、"武举出身"。

《武经总要》书影

翰林图画院成立

北宋建国初期创立了翰林图画院。宋代翰林图画院是为宫廷帝王服务的机构，它不同于作为皇帝顾问性质的翰林院，而是隶属于内侍处，由宦官管理。宋初，南唐、西蜀等国灭亡后，其画院成员都集中到北宋画院，王道真、高益、燕文贵、崔白、郭熙等代表了当时画坛的最高水平。宋代画院画家大致的工作有：绘制宫观壁画；装饰宫廷，包括图绘高级官署屏风障壁等。当时统治者为控制文艺思想，所出画题多为"野水无人渡，孤舟竞自横"之类，画家多致力于人物、山水、花鸟画，影响颇大。

北宋的农民起义和周边关系

北宋时期，贫富差距严重，阶级矛盾日趋尖锐，各地相继爆发了农民起义。时间最早的是四川青城人王小波、李顺于公元993年发动的农民起义。北宋的周边地区除北方的辽、西夏不断发起进攻外，南方各族的侵扰也时有发生。交趾、大理等许多小国内附北宋、进贡方物，促进了双方的经济文化交流。

藤盾牌
北宋时期以藤制成的盾牌。

川蜀地区的农民起义

北宋初期，在川蜀地区首先爆发了农民和士兵武装起义。川蜀地区土地高度集中，"旁户"（宋时，川蜀地区的佃客被称为"旁户"）的数量高达全境人口的百分之七八十，豪强地主一般占有几百家以至上千家的"旁户"。"旁户"承担着地主应向政府交纳的各种课税，却受到像奴隶一样的待遇。北宋政府又百般搜刮，农民大量破产。许多农民被迫起来反抗。

《耕织图》之推磨

王小波、李顺起义

公元993年，青城（今四川灌县南）茶农王小波率领旁户百余人起义。王小波以"吾疾贫富不均，今为汝均之"相号召，受到群众拥护，起义队伍不断壮大，陆续攻下青城、彭山等县。后王小波在江原一战中牺牲，余众由王小波的妻弟李顺领导继续战斗。李顺坚持均贫富的主张，所到之处，人民纷纷响应。次年，起义军攻克成都，李顺称大蜀王，建号"应运"。不久，成都被宋军攻破，李顺被杀。公元996年，起义最终失败。

王小波、李顺起义

交趾内附

交趾在五代十国时为南汉内属。公元971年，宋平南汉。公元973年，交趾首领丁琏派遣使者向宋朝贡奉方物，并上表请求内附于宋。宋太祖授丁琏检校太师充静海节度使、安南都护。公元975年，丁琏遣使朝贡，宋太祖加封丁琏为交趾郡王。

宋三彩陶水榭

大理入贡

太平兴国初,宋于黎州(今四川汉源北)大渡河造船,以济西南朝贡者。公元982年,大理国遣使请求内附于宋,太宗于是册其王为云南八国都王。1076年,大理国遣使向宋朝进贡方物。徽宗时,大理国王段和誉多次乞修朝贡。政和六年(1116年),大理遣进奉使李紫琼、副使李伯祥入贡,政和七年二月到汴京。徽宗封段和誉为云南节度使、大理国王。

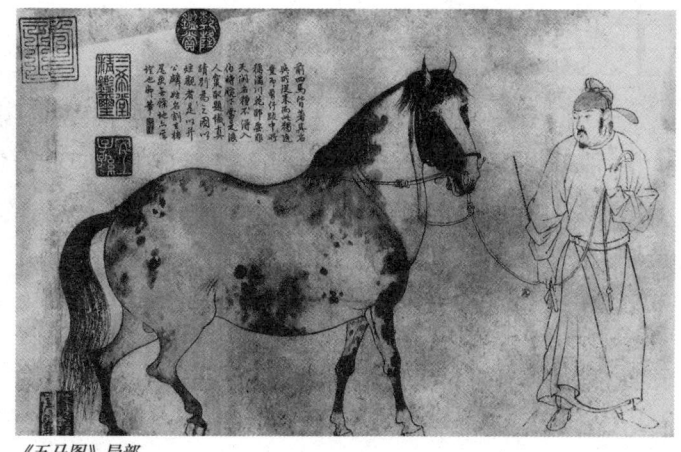

《五马图》局部 宋李公麟作品

狄青平南

皇祐四年九月,仁宗命狄青为宣抚使,出征邕州。五年正月,狄青率三万余兵直逼昆仑关。侬智高屡胜轻敌,昆仑关不守,狄青倍道兼行,出昆仑关,直趋邕州。智高仓促出战,双方于归仁铺(今广西南宁北)交战。宋前军稍退,诱敌深入。狄青登高挥白旗令骑兵成左右翼,将对方军队打散,旋而击之,敌军大败。智高还邕州,夜焚城逃遁,入大理国,不知所终。乱遂平。

狄青

宋时典型的城墙防御

侬智高反宋

侬智高,居广源州(今越南广渊),役属交趾。后起兵叛交趾,交趾发兵征讨时,侬智高遣使至邕州(今广西南宁),请内附于宋。宋不纳。智高于是于皇祐四年(1052年)起兵反宋。五月,破邕州,擒知州、通判。然后率兵沿江东下,占九州,围广州,五十余日不克,复归邕州。后仁宗派狄青出征邕州,大败侬智高,遂平叛乱。

宋代侧理纸

区希范起义

思恩县(今属广西)少数民族青年区希范于景祐中应募,知州冯伸己拒绝其应募要求,还以妄言罪将区希范编管全州(今属湖南)。庆历四年(1044年),区希范逃归,率其族人并联合白崖山酋蒙赶等起义,破环州(今广西环江南),下镇宁州。四月,宋廷以张玘为广西安抚使前往镇压。张玘悬赏获区希范者,并不断派人劝降,均未得逞。庆历五年三月,宋兵破环州,区希范、蒙赶等被杀害,起义失败。

王安石变法

1067年，宋神宗继位。为改变北宋积贫积弱的局面，他起用王安石实行变法。熙宁二年（1069年）二月，设立主持变法机构，开始推行新法。新法的主要内容有：经济上实行均输、青苗法等，军事上实行将兵、保甲、保马等法，改革学校与科举制度，裁并州县等。新法实施了十几年，收到一定成效。宋神宗死后，新法很快被废除。

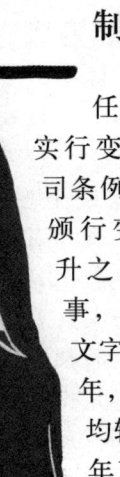

王安石

制置三司条例司

熙宁二年二月，宋神宗任用王安石为参知政事，实行变法；设立制置三司条例司，负责制订、颁行变法措施；命陈升之、王安石同领其事，吕惠卿、苏辙并为检详文字。制置三司条例司设立一年，先后制订、颁行了青苗、均输、农田水利等新法。三年五月，罢归中书，变法领导权转归司农寺。

宋神宗赵顼

王安石归隐后，依然不忘民间疾苦。

农田水利法的实施

熙宁二年四月，神宗派程颢等八人对农田水利进行全面调查。十一月，正式颁布《农田利害条约》，鼓励各地兴修水利，规定一般工程由当地住户依户等高低集资兴建，规模较大而民力不能解决的，由政府贷款；被豪强霸占的可供公用的水利资源要重新疏通，共同使用。此令一出，四方争言水利，古陂废堰陆续兴复。至熙宁九年，各府州县兴修的工程已达10793处，灌田36.11万顷。

募役制度的实施

熙宁二年，宋廷开始讨论役法改革。熙宁四年十月，在全国正式颁布了募役法。此法改变了以前按户等轮流服差役的办法，而按户等收取免役钱。原来免服差役的官户等也要减半出钱，名为"助役钱"。在摊派役钱时，比预计的需用雇钱数增收20%，称为"免役宽剩钱"，供荒年免征役钱时使用。

北宋时男女陶俑它们再现了北宋时普通民众的形象。

置方田均税法

宋初，田制不立，田赋不均。熙宁五年八月，宋廷颁布《方田均税条约》。其法以东西南北各千步为一方，每年九月以后，由县令派遣有关人员到各乡进行丈量，按土地肥瘠成色分为五等。清丈完毕，按实际面积及等级确定民户税额，张榜公布，并发给"地符"作为凭证。官僚地主也要丈量定税。此法损害了官僚地主的利益，阻力很大，方田进度缓慢。

北宋妇女剖鱼砖雕

市易法的出台

为限制富商大贾操纵物价、垄断市场，熙宁五年，宋廷颁行市易法，在汴京设立市易务，从内藏库拨钱100万贯和东京路市钱87万贯为市易务本钱。具体包括：商人出售货物，由市易务依据市场情况评定价格并收买；商人向市易务贷款，以产业作抵押，五人以上互保，纳年息二分；商人向市易务赊购货物也取年息二分。市易法后来推广到成都、扬州、广州、杭州等城市，对城市豪商巨贾起了一定的抑制作用。

北宋官窑印花龙纹洗

置将法的实施

为改变更戍法兵将分离、士卒缺乏训练之弊，熙宁六年，神宗下诏：京东武卫等指挥的禁军，分隶诸路，差主兵官分部训练；在开封府界、河北、京东、京西路分置37将和副将，选经过战阵的使臣充任，专掌训练；在陕西五路设置42将，统将当地的就粮、屯泊、驻泊等军。1081年，又在东南的淮东、淮西、浙东、浙西等路设置13将。此后，"将"成为宋朝军队编制的基本单位，各地设置的将官可以自专军政。置将法提高了宋军的战斗力。

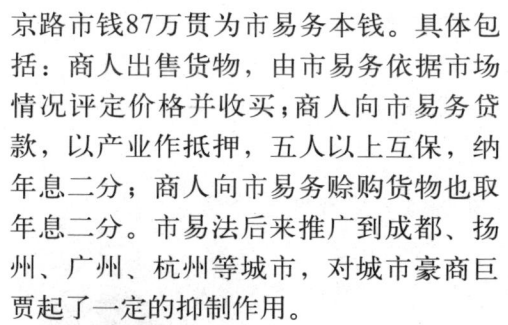

北宋武学(军事学校)习武图

减兵并营

宋初以来，冗兵严重。1069年，禁军开始减兵并营：裁减50岁以上的老弱兵士，确定禁军军营兵额，将各地马步军营由545营并为355营。原来聚集在京师的禁军大部分拨到各路，各地多用来服杂役的厢兵也按禁军办法裁减。全国禁兵、厢兵裁减后，总数不到80万，比英宗时减少36万，约三分之一。减并后的军队精干整齐，为宋朝节省了大量军费。

宋武士俑

北宋的衰亡

王安石变法失败后，北宋走向彻底衰败。到了北宋后期，蔡京擅权，政治腐败更加严重，任何企图改善统治状况的药方都已无济于事。政府对农民的剥削加重，迫使农民不断起义。而北方的女真金国日益强盛，在与宋联合灭辽后，开始了对北宋的进攻。面对金兵的一再侵扰，徽、钦二帝一味怯懦求和。靖康初年，金军攻陷汴京，北宋灭亡。

北宋卤簿大钟
钟上刻有皇帝出行的仪仗队伍，这件器物后来被金人掳走。

绾发玉冠
宋朝官员用冠来绾发。

蔡京擅权

崇宁元年（1102年），徽宗在位时，拜尚书蔡京为太师。蔡京当权，尽贬元祐诸臣，称他们为"奸党"，立党人碑；又将元符年间上书涉及新法者309人定为"邪等"，合为一籍。入碑籍者皆受其迫害。蔡京纵帝挥霍，大兴土木；专断政事；公然受贿，卖官鬻爵，弄得朝政败坏、民不聊生。直至钦宗继位后，蔡京才遭贬而死。

宋江起义

约在徽宗宣和元年（1119年）之前，山东郓城人宋江就已经聚众36人起义，活动于河北、山东一带，被称为"河北剧贼"。宣和三年，宋江移军南下，二月，进攻沭阳（今属江苏）、海州（今江苏东海）时，被知海州张叔夜伏兵袭击，宋江投降，起义失败。

"方腊攻克徽州"款城砖

宋江

方腊起义

徽宗时，政治腐败，对农民剥削加重。宣和二年，歙人方腊首先在歙州七贤村杀恶霸地主方有常全家，接着又在睦州誓师起义。两浙人民纷起从之，众至数十万。起义军占领6州52县，声震江南。次年，宋廷发兵15万南下镇压。方腊占领杭州后，由于战略失误，陷于被动。退回睦州后，被官军四面夹击，起义军多战死，方腊因叛徒出卖被俘，后被杀。宣和四年，起义失败。

徽宗内禅

宣和七年十月，金兵分两路侵宋，兵锋直指汴京。十二月，宋徽宗下"罪己诏"，诏天下郡县起兵勤王，命皇太子赵桓为开封牧。十二月二十三日，宋徽宗佯装得病，笔书"皇太子可即皇帝位，予以教主道君退位龙德宫"。于是太子赵桓即帝位，是为钦宗。次年改元靖康。

宋徽宗

东京保卫战

靖康元年（1126年）正月，金军逼近开封，钦宗任命李纲为尚书右丞兼东京留守。一月八日，金兵围开封，李纲率兵日夜守御，多次退敌。战酣际，宋钦宗遣使以割地赔款留人质的条件求金人退兵，李纲坚阻不纳，宋钦宗罢免李纲。后因舆论压力，钦宗复李纲官职。此时金兵久攻不克班师北返，后李纲被贬为观文殿学士，知扬州。

宋钦宗

靖康之变

靖康元年八月，金军再次攻宋。十一月，会师开封城下，宋军出战，败绩。金兵攻陷开封，钦宗奉表请降。次年三月，金人立张邦昌为伪楚皇帝。四月，俘徽宗、钦宗和宗室、后妃、部分臣僚，以及教坊乐工、技艺工匠等数千人和无数财富北去。北宋王朝灭亡。史称"靖康之变"。

《迎榇图》
靖康之变后数年，南宋君臣从金国迎接回徽、钦二帝的灵柩。

伪楚建立

靖康二年（1127年）二月，北宋灭亡。金人欲立一异姓傀儡政权。北宋大臣张邦昌由于力主降金，颇得金人赏识，被立为帝，国号大楚。四月，金人北归，宋旧臣群起指斥张邦昌，责其反正。时康王赵构已起兵相州（今河南安阳市），即位应天府（今河南商丘），张邦昌不得已俯首归命，伪楚灭亡。

徽、钦二帝被俘

北宋的科技

北宋时期，我国以指南针、印刷术和火药三大发明为主的科学技术有了很大的发展。人们已经掌握了利用天然磁石制成指南针的技术，并运用到了航海上，促进了海上交通的发展；活字印刷术的发明极大地促进了世界文化的发展；火药也已得到广泛应用。此外，北宋的天文、医学、建筑等科技也都取得了很大的成就。

灯芯草　磁针

漂浮式指南针
这种指南针实用性很强，最先应用于航海。

沈括和《梦溪笔谈》

沈括，仁宗嘉祐进士。熙宁间，参加王安石变法。哲宗元祐三年（1088年），沈括闲居润州梦溪园，全力著书，完成《梦溪笔谈》26卷，《补笔谈》3卷，《续笔谈》1卷，共609条。书中所载内容丰博，涉及天文、数学、物理、化学、生物、地质、气象、医药、工程技术等各个领域，是一部综合性的科技学术著作，反映了当时中国的最新科技水平。

沈括

官修《本草》

宋代新药增多，唐本草已不适用。公元973年，太祖诏令马志等人修订成《开宝本草》，增药133种。嘉祐二年（1057年），神宗令更修，编成《嘉祐补注本草》，增药82种。嘉祐七年，又出图文并茂版《图经本草》。1108年，唐慎微集历代大成，编成《经史证类备急本草》，收药1558种。此书重修多次，后世沿用五百余年。

水运仪象台构造图
水运仪是一台将浑仪、浑象和报进装置组合起来的大型天文仪器。

苏颂与《新仪象法要》

苏颂是北宋时泉州人。他学问渊博，于天文、历算、山经、本草，无所不通。1086年，哲宗命苏颂制浑仪。在新仪器的设计和模型制造过程中，苏颂写成《新仪象法要》三卷。上卷介绍浑仪设计，中卷介绍浑象设计，下卷介绍水运仪象台的设计。全书共附图63种，图文并茂，详解其法，代表了北宋天文学的新成就，反映了当时中国机械制造的水平。

李诫与《营造法式》

　　神宗熙宁年间（1068年～1077年），李诫总结前人成果，又集中当时工匠的技巧，再结合自己的建筑经验，开始编著《营造法式》。此书经过多次重修，前后历时三十多年，到1100年最终定稿。全书正文有34卷，内容十分丰富，是我国古代最详尽、全面、系统的建筑手册，也是世界上最早、最完备的建筑学著作。

《营造法式》书影

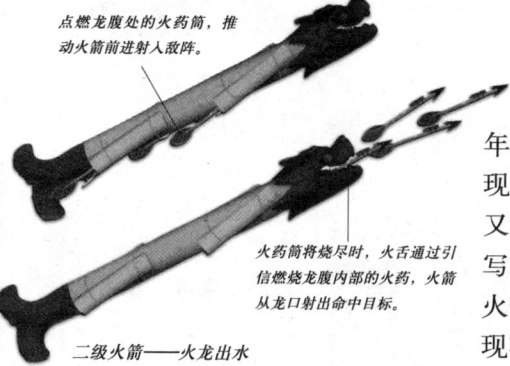

点燃龙腹处的火药筒，推动火箭前进射入敌阵。

火药筒将烧尽时，火舌通过引信燃烧龙腹内部的火药，火箭从龙口射出命中目标。

二级火箭——火龙出水

火药火器的发展

　　火药发明于唐朝，宋朝时，已开始广泛应用在战场上。太祖开宝三年（公元970年），兵部令史冯继升献火箭法。真宗时，出现了火毯、火蒺藜、手炮等火器。后来，宋廷又在都城专设作坊，生产火药火器。钦宗时编写的兵书《武经总要》记载了毒药烟球、蒺藜火球和火炮火药三种火药的配方，这是世界上现存最早的火药配方。

印刷术的发展

　　隋唐开始应用的印刷术，到宋时得到了进一步发展。宋朝历代皇帝都十分重视出版印刷。宋太祖刚立国不久，就在益州刻印多达五千余卷的《开宝藏》。皇帝身体力行，导致了王公大臣以至平民百姓纷纷效仿，不仅官府刻印书籍，私人的书院、家塾也开始印书。民营的书坊、书肆、书籍铺分布更广，刻书、卖书成为世业。仁宗时，布衣毕昇发明的泥活字印刷术开创了印刷术的新纪元，对世界文化发展做出了重大的贡献。

毕昇

活字印刷术的发明

　　庆历年间（1041～1048年），杭州布衣毕昇发明了活字印刷术。他用胶泥刻字，每字一印，用火焙烧使之坚硬而成活字。排版时，先在铁板上放置松脂、蜡和纸灰，铁板上排满活字后，再在火上加热至松脂等熔化，再用一块平板把活字压平，冷却后即可印刷。用完后加热又可拆开以后再用。这种泥活字印刷法比雕版印刷更简便易用，又能循环再用，是世界上最早的活字印刷法，比欧洲人古登堡发明的活字印刷术早了四百年。

泥活字版

北宋的文化艺术

北宋统治者重视文人，因此这一时期的文化艺术得到了迅速发展，呈现出一派繁荣瑰丽的景象。宋词在这一时期达到了鼎盛，造就了一批以苏轼为代表的著名词人；绘画、书法有许多新的发展和成就；司马光的《资治通鉴》是影响深远的史学名著；四大类书的编纂为后代提供了很多宝贵的资料；以儒家经学为基础，兼收佛道思想的理学产生，对后世影响颇大。

苏轼

宋徽宗赵佶书法《千字文》

《资治通鉴》书影

《资治通鉴》的编纂

1084年，龙图阁学士司马光主持编纂的《资治通鉴》历时19年终告完成。此书是我国第一部编年体通史巨著。全书共294卷，记载了上起战国周威烈王二十三年（公元前403年），下至后周世宗显德六年（公元959年），共1362年的历史，按照年、四时、月、日的次序记事，以朝代为纪，共16纪。神宗阅后认为此书"鉴于往事，有资于治道"，遂赐书名"资治通鉴"。此书开创的以记事为主的新体裁，为后代许多史家所仿效。

宋词的兴盛

词源于民间，约始于南朝，在宋时达到鼎盛，是两宋文学的最大特色和主要成就。宋初，晚唐五代以来的婉丽词风仍盛行一时，形成了婉约词派，以晏殊、柳永为代表。后来，苏轼开创了与婉约派对举的豪放词派，突破"词为艳科"的藩篱，题材展拓，词意雄奇阔大，风格豪迈奔放。

发达的书画艺术

北宋时期的书画艺术得到了充分的发展。山水画已发展成熟，画家以李成、范宽为代表；逼真华丽的院体画因能满足皇宫的品位和需求而得以充分发展；市民风俗画和文人画开始兴盛，杰作有张择端的《清明上河图》等。书法艺术突破了唐朝体态严整和重视法度的格局，进入了一个"尚意"的新境界，以北宋四大书法家为代表。宋徽宗还开创了瘦金体。

范宽的《溪山行旅图》局部

积弱与偷安

南宋　公元1127年～公元1279年

　　1127年，宋高宗赵构迁都临安，史称"南宋"。南宋初年，面对北方沦陷的局面，广大人民的抗金斗争风起云涌，有效地遏制了金军的南侵。但是南宋统治者苟且偷安，屈辱求和，致使抗金斗争屡遭挫折，国内社会矛盾日趋尖锐。后来，北方迅速兴起的蒙古族南下侵宋。1279年，偏安一隅的南宋政权最终灭亡。南宋时的文化在北宋基础上又有了长足的进步，宋词进一步发扬光大，南戏形成，私人藏书兴盛。宋朝是我国历史上经济、文化发展的重要历史时期，对后世有着深远的影响。

宋朝南迁

金灭北宋后，建立了张邦昌伪楚政权。宋朝旧臣则拥戴康王赵构，于1127年在南京应天府即帝位，史称"南宋"。不久，南宋政府迁往扬州。建炎二年（1128年）初，金兵南下，直指扬州，高宗等仓皇出逃。在南宋军民顽强抗击下，建炎四年，金兵退回北方。绍兴二年（1132年），宋高宗返回临安（今浙江杭州），从此以此为都城，开始勉强维持偏安局面。

宋高宗赵构

《中兴应瑞图》
画中描绘的是北宋汴京沦陷后赵构仓皇逃往江南建立偏安政权的故事。

南宋的建立

靖康二年（1127年），金兵南侵，北宋灭亡。金掳徽、钦二帝后撤兵北归。金兵退后，元皇后垂帘听政，后遣使迎徽宗第九子康王赵构，书告中外，俾帝嗣统。大臣宗泽以南京（今河南商丘县南）为先祖兴王之地，请王趋南京应天府。五月，康王赵构即帝位，是为高宗，改元建炎，史称"南宋"。

宋高宗改革兵制

靖康元年（1126年），康王赵构被钦宗任命为兵马大元帅，所辖兵力1万人，分前、右、左、中、后五军，这是南宋重新组编军队的基础。康王即位后，闲置了北宋的枢密院，另外设置御营司，由宰相和执政兼任御营使和副使，其下设都统制统管御营军。御营军初分为五军，后分为三，这三支部队独立成军。

李纲

南宋著名战舰——楼船

李纲为相

高宗即位后，拜李纲为尚书右仆射兼中书侍郎。李纲为相后，即上《上议》，为帝所纳；赠李若水、霍安国官谥，鼓舞忠义将士；组成抗金义军，又以宗泽为东京留守；立军法，增加战斗力；令诸路将领募兵买马，劝民出财助战；谏帝勿幸东南，宜至襄郑，以示不忘故都，以系天下人心。后李纲被投降派黄潜善、汪伯彦所陷害，相位被罢免，抗金之政尽废。

黄汪坏政

建炎元年（1127年），高宗即位，拜原北宋末知相州（今河南安阳）黄潜善为右仆射，次年进左仆射，汪伯彦为知枢密院事，旋进右仆射，与黄同居相位。黄汪专权自恣，贬斥李纲、张所，力主高宗南迁扬州，因循守旧，不作战守之备，从而导致维扬之变。后黄被劾落职责置英州，不久卒于梅州（今广东梅县）。汪被劾落职居永州。

南宋官吏俑

宋代攀登城垣用的云梯模型

维扬之变

建炎元年十月，从黄汪议，宋高宗退守扬州。高宗沉湎酒色，政事尽付黄汪。黄汪罢黜李纲，不事战备。建炎二年，金兵分两路南侵，追踪宋高宗。三年，金派五千骑兵奔袭扬州，高宗仓皇出逃，浮舟渡江。黄汪闻帝驾行，策马南遁。官员、士卒争门而出，自相践踏，死者枕藉。金将马王率骑追至江岸，帝已渡江。金兵大肆屠掠，宋国库为之一空。

钟相、杨幺起义

南宋政权对外投降，对内压榨，再加上战乱不止，农民被迫起义。建炎四年（1130年），武陵（今湖南常德）人钟相在湖南洞庭湖地区率众起义，起义军迅速攻占了周边19个县。不久，钟相被俘牺牲。余部在龙阳（今湖南汉寿）人杨幺领导下继续战斗，后为岳飞所败，杨幺亦于1135年牺牲。钟相继承了北宋王小波、李顺的起义口号"等贵贱，均贫富"，反映了农民政治上要求平等、经济上要求均分财富的强烈愿望。

钟相、杨幺起义

定都临安

维扬之变后，王渊劝帝幸临安。帝从其议。建炎三年七月，金军南侵，高宗慌忙逃到越州。十二月，高宗逃到明州，后又移温、台。建炎四年春正月，帝浮舟海上。金兵追帝不及，又遇大风，为宋军击败，撤兵北归。绍兴二年（1132年）春，帝还临安。绍兴六年七月，建行营于建康，以秦桧为留守。八年春正月，高宗回到临安。其时金兵多日无功，内部不和，无力再战，宋廷境内安定，遂定都临安。

南宋初期抗金

南宋初年，广大爱国军民展开了轰轰烈烈的抗金斗争。韩世忠、岳飞、张浚、吴玠兄弟等都有效地制止了金军的南侵。1140年，金兵四路攻宋，岳飞领导的岳家军在郾城的战斗中夺取了胜利。刘锜指挥的顺昌之战也大败金军，金兀术被迫率军北返。

岳母刺字

黄天荡大捷

建炎三年（1129年）冬，金兀术征南宋，宋高宗渡海南逃，兀术率军焚临安城后北还。次年三月，金军行至镇江，为浙西制置使韩世忠所阻。金兵渡江不成，遂自镇江溯江西上，宋军沿江北阻击，且战且走，相持于黄天荡（今江苏南京附近），凡48日，大败金军。

韩世忠

岳飞建康之战

建炎三年，金兀术至镇江为韩世忠截击于黄天荡，逃往建康。建康留守大将岳飞出兵，掩击金军于清水亭，敌横尸十五里。飞又设伏于牛头山，遣勇士潜入敌营，扰乱金军。兀术移驻建康城西北之龙湾，岳飞以骑兵三百、步兵两千袭击。五月，兀术率军渡江北撤，建康遂复。建康之战为岳家军首次大捷。

张浚经略川陕

建炎三年，高宗以张浚为宣抚处置使，经略川陕。四年，金兀术入侵川陕，浚会赵哲、吴玠等五路兵马，与金兵战于富平（今属陕西）。赵哲临阵脱逃，致全军溃败。浚斩之。后又令玠扼守和尚原，阻击金军。浚经略川陕三年，集兵抗金，全蜀安堵，成就显著。

岳飞

《中兴四将图》

吴玠兄弟保蜀

建炎四年，吴玠与兄弟璘退守和尚原（今陕西宝鸡西南）。绍兴元年（1131年），金兵攻和尚原，为玠所败。十月，金兀术率兵十万再攻和尚原，金兵大败。其后又经过多次战斗，金兵多败，数年不敢窥蜀。九年正月，玠为四川宣抚使，同年六月卒。十年，璘大败金兵于扶风。三十一年，吴璘为四川宣抚使，次年班师回朝。吴玠兄弟在蜀，与兵卒同甘苦，故战则能胜，保全川蜀。

宋朝抛石机示意图

邓州之战

绍兴四年（1134年）春，岳飞上书宋廷请求北伐，以收复襄阳。宋廷经过反复讨论，才予批准。五月，岳家军渡江北伐，收复襄阳。七月，金为阻挡岳家军北上，派援军数万在邓州西北方向排列三十余营寨，企图与宋军决战。岳飞两路夹攻，一举击败了金与伪齐联军，乘胜攻取了邓州。通过这次战役，南宋头一次收复了襄阳郡全部失地，这是南宋立国以来局部反攻的一次大胜。

郾城之战

绍兴十年（1140年），金兵四路侵宋，岳飞自鄂州挥师北伐，直捣中原，连克颍昌、陈州、郑州、洛阳诸州郡，进逼开封。七月，岳飞的主力屯驻颍昌，自率轻兵进驻郾城（今属河南）。兀术遂亲率龙虎大王、盖天大王及韩常兵一万五千人抄袭郾城。两军战于城外，岳飞派步兵以麻扎刀上砍敌人，下砍马足，大破金兵"拐子马"。此役岳飞以少胜多，大败金兵，乘胜挺进中原。

岳飞与岳家军
岳飞统领的岳家军军纪严明，威名远播。

宋朝大斧
斧是以劈、砍为主要攻击手段的兵器。这种宋朝大斧是中国古代最大的斧，需要用双手操控。宋军当年就是用这种大斧砍金兵战马的马脚。

顺昌大捷

绍兴十年，金廷派兀术率主力十余万兵马进攻宋城东京。宋廷委派新任东京副留守刘锜率军两万赴任抵抗。刘锜行军到顺昌府（今安徽阜阳）时，听到金军已攻陷开封，便决定坚守顺昌城，构筑防御工事，阻止金军南下。顺昌最初三战令金军元气大伤。初战告捷，刘锜又与金兀术率领的金军主力决战，取得了顺昌保卫战的最后胜利。金兀术被迫率全部金军撤离顺昌返回开封。

岳家军大败"拐子马"

南宋与金的和议

1130年,金将三年前开封陷落时俘获的秦桧放归南宋,以破坏南宋的抗金活动,促成宋廷投降。高宗正欲议和,遂派秦桧为相专办议和之事。1141年,高宗、秦桧为讨好金廷,先将韩世忠、张俊、岳飞三员抗金名将解除兵权,后又以"莫须有"之罪害死岳飞。十一月,双方订立"绍兴和约"。孝宗即位后,力图北伐,失败后被迫与金订立"隆兴和议"。至宋宁宗时,又与金订"嘉定和议"。此后,金军已无力南侵,而南宋也全面走向衰败。

南宋向金称臣纳贡

宋代玉卧羊

宋代银盘

绍兴和议

南宋初年,金兵多次南侵,未能取胜。南宋以韩世忠统领前护军、张俊统领中护军、岳飞统领后护军分驻抗金前线,打击并钳制着南下金军。宋廷一向担心将帅权重会威胁自身统治,宋高宗于绍兴十一年(1141年)四月夺取了韩世忠、张俊、岳飞的兵权,并于同年十一月与金达成了协议。次年二月,和约正式生效。宋金战火暂熄。

绍兴和约

绍兴和约的主要内容为:宋向金称臣,"世世子孙,谨守臣节",金册封宋康王赵构为皇帝,划定疆界,东以淮河中流为界,西以大散关(今陕西宝鸡西南)为界,以南属宋,以北属金,宋割唐、邓、商、泗诸州及和尚原、方山原给金;宋每年向金贡银25万两,绢25万匹,自绍兴十二年(1142年)开始,每年春季搬运至泗州(今江苏盱眙北)交纳;金归还宋徽宗棺木与高宗生母韦氏。

秦桧擅权

秦桧,政和进士,曾任御史中丞。1127年被俘至金,为挞懒信用。1130年,桧随金军南下楚州(今江苏淮安),被挞懒纵归,诈称杀死监卒逃回。高宗拜其为相,徙逐主战派张浚、赵鼎,独揽相权,罢黜反对议和官员胡铨、王庶等。金兵入寇,将士抵抗,阻桧和议。桧于是解除岳飞、韩世忠、张俊三大将兵权,后又杀飞。绍兴十一年,成绍兴和议。其后,桧大肆排斥异己,大兴文字狱,独专国柄十五年。绍兴二十五年,桧病死。

岳庙秦桧夫妇跪像

岳飞蒙冤

郾城之战后，高宗连发十二道金牌，命岳飞班师。绍兴十一年，岳飞被解除兵权。九月，秦桧使人诬告岳飞部将张宪谋反，先将张宪、岳云（岳飞之子）下狱。十月，岳飞也被骗入狱。秦桧对岳飞严刑究罪。十二月二十九日（1142年1月28日），高宗和秦桧以"莫须有"的罪名将岳飞毒死，张宪、岳云亦被斩首。岳飞死时，年仅三十九岁。

岳飞墓

宋孝宗

隆兴和议

1162年，高宗禅位孝宗后，孝宗图北伐，遭败，开始寻求议和。隆兴二年（1164年），和议成，即为"隆兴和议"。主要条款为：双方约定宋金为叔侄之国，宋帝正皇帝号，不再向金称臣；改"岁贡"为"岁币"，银绢各减5万两匹，分别为白银20万两，绢20万匹；宋割商、秦给金，两国疆界还以绍兴和议为准；归还被俘之人，不还叛亡之人。次年，和议正式成立。此后，宋、金双方保持了40年的和平关系。

开禧北伐

宋宁宗即位后，韩侂胄专权，思立功自固。开禧二年（1206年）四月，韩侂胄率宋军不宣而战，攻取泗州、新息、内乡等地。十月，金军主力分八路伐宋，全面反攻，宋军败退。韩侂胄被迫请和，和议未成。朝中主和派礼部侍郎史弥远和杨皇后勾结，发动政变，在开禧三年将韩侂胄杀死，宋金和约乃成，开禧北伐彻底失败。

孝宗北伐

孝宗即位后，力图北伐，大力启用主战派。隆兴元年（1163年），张浚被任命为枢密使。张浚请孝宗亲至建康，并称"金人秋必为患，当乘其未发攻之"。孝宗从之。五月，李显忠克灵璧，邵宏渊复虹县。不久，邵李合兵攻克宿州。后因邵李不和，军心涣散，兵败符离。张浚引咎辞职，宋廷中主和派重占上风。

嘉定和议

开禧二年，宋师北伐不利，金兵南下，宋被迫请求和议。嘉定元年（1208年），宋派史弥远为使与金议和。双方规定：宋金由叔侄之国改为伯侄之国；岁币增至白银30万两，绢30万匹；宋交金犒军钱300万贯；宋向金献韩侂胄等主持伐金之人首级；金归还新侵的土地给宋，双方维持原来的疆界。这是宋签订的第三次求和之约，史称"嘉定和议"。

宋鎏金银八角杯

宋宁宗赵扩

南宋后期与金、蒙古的战争

南宋后期，北方的蒙古族迅速崛起，金国势力大衰。南宋与蒙古联合伐金，于1234年攻破蔡州，金亡。金灭亡后，蒙古继续扩张，不断南侵，攻打南宋。1258年，合州钓鱼城之战中南宋大胜，蒙古大汗蒙哥战死，后其弟忽必烈继承汗位。1267年，元兵继续南侵，围攻襄樊，后襄樊陷落，元兵得以长驱直入，扫荡江南。

枣阳之战

嘉定年间，蒙古崛起于漠北，金国却国力大衰。南宋请减岁币，金主拒绝，两国交恶。嘉定十年（1217年），金兵三路南侵。中路军犯枣阳（今属湖北），京湖制置使赵方亲率诸将往御，其速如神，金人大骇，偷偷撤回。次年二月，金兵再至，宋军乘间突击，金人溃走。十二年二月，金复大举来犯，在枣阳城下遭到守军的英勇抗击，损失甚大。七月，宋内外夹击，金人大溃，此后不敢窥视枣阳。

金牛镇之战

嘉定十年四月，金兵三路南犯。西路军攻打大散关（今陕西宝鸡西），意欲入蜀。十二月，破天水军。次年，破皂郊堡、黄牛堡、武休关等，四川制置使闻讯遁逃。利州路安抚使丁焴急招沔州都统制张威率兵救蜀。威夜半调发，鼓行而前，至金牛镇（今陕西沔县西南）大破金兵。又遣将石宣袭大安军，再破之。金兵此来，皆择马精兵，凡三千人，全部被歼灭。金牛镇之战以宋军大捷而告终。

联蒙灭金

绍定五年（1232年）底，蒙古窝阔台可汗遣使至宋，议共伐金，宋允之。双方协议，灭金后以河南地归宋。次年，宋将孟珙大败金兵，后率精兵两万，合蒙古兵攻金之最后战略据点蔡州（今河南汝南）。端平元年（1234年）正月，蔡州城破，哀宗自杀，金亡。蒙军不肯如约以河南地归宋，欲以陈蔡为界，其北属蒙古，以南属宋，宋人争之，战事遂开。

江陵之战

南宋联蒙灭金后，蒙古毁约，两国发动战争。端平二年（1235年），蒙军三路南侵。中路进攻襄汉，破唐州、枣阳、隋、郢、荆门等地。次年十一月，蒙军攻江陵。江陵滨大江，为南北交通要道，蒙军欲从此渡江南侵。形势危急，宋将孟珙奉命往援。珙派张顺先渡，占领渡口，自以全师继之。孟珙亲自指挥赵武等部袭击蒙军，连破蒙古二十余寨，夺回被俘军民两万多人。中路侵宋蒙军受挫，气焰稍息。

宋朝毒药烟球
这是一种能产生毒气的"手榴弹"，中了毒气的人会口鼻流血而死。

元军攻战图

钓鱼城之战

宝祐六年（1258年），蒙古大军进逼重庆，在重庆北面的合州钓鱼城下受阻。蒙军屡战不克，加之疾疫流行，士气低落。而城内南宋军民在宋知州王坚率领下，白天抵御蒙军进攻，夜晚出兵偷袭蒙古军寨。七月，蒙古大汗蒙哥在督师攻城时负伤，死于钓鱼城下，征蜀的蒙古大军被迫退出四川。蒙哥之死，使蒙古灭亡南宋的计划中断，南宋统治得以苟延。

襄樊陷落

蒙哥死后，其弟忽必烈于1260年称汗。咸淳三年（1267年）冬，元纳降将刘整之议，派兵南侵，围攻襄樊。襄樊夹汉水，居鄂州上游，北出唐、郑，素为南宋边防重镇。元军先筑白河城，断其外援。宋派夏贵、范文虎、张顺、张贵先后救援，皆败。九年正月，樊城先破，襄阳势孤援绝，守将吕文焕坚守五年多后开城投降。襄樊陷落，元军遂顺江东下，扫荡江南。

贾似道欺上瞒下，理宗不辨是非，竟然对他加官进爵。

"鄂州大捷"

开庆元年（1259年）八月，忽必烈率军渡淮南侵宋，直抵长江北岸，九月举兵渡江，进逼华中重镇鄂州。宋理宗任命贾似道为右丞相兼枢密使，率军往援。贾似道私下派人到蒙古军营求和，表示愿意称臣纳贡，并答应两国以长江为界，宋向蒙古称臣。忽必烈此时得知蒙哥死讯，急于北还，遂与贾似道达成和议。蒙古退兵之后，贾似道隐瞒求和真相，以大捷上奏，竟以有大功之臣的身份被召入朝中，从此把持南宋朝政达十五年之久。

降元宋将的青玉押

南宋灭亡

南宋末年,元军大举南侵,南宋爱国军民虽英勇奋战,但仍不能力挽狂澜。贾似道指挥下的芜湖之战中,十三万宋军全线崩溃,江防解体,建康等许多州地不战而降。1276年,元军攻陷宋都临安,恭帝被俘。1279年,元军包围厓山,宋末帝赵昺亡,南宋灭亡。自高宗赵构1127年迁都临安,至赵昺1279年被元灭亡,南宋共传9帝,凡153年。

宋王台
亦称"宋皇台",位于香港宋皇台公园内。宋朝末代皇帝赵昺曾逃难至此。

贾似道擅权

开庆元年(1259年),右丞相贾似道谎报鄂州大捷后,被加封为少师、魏国公。贾似道执掌朝政大权后,排除异己,权倾朝野。又取先朝旧法,随意变更,加重剥削,物价飞腾。1264年,理宗死,养子赵禥即位,是为度宗。1274年,度宗病死,恭帝即位,年仅4岁。从度宗期间直到恭帝初年,贾一直独专朝政,国势岌岌可危。

宋理宗

张世杰守郢州

1274年,伯颜统元军二十万从襄阳出发,三路攻宋。中路军循汉水攻郢州(今湖北钟祥)。宋将张世杰率军屯驻于此,又于汉水西岸筑新郢。元军花了很大代价,夺得南门堡,却再也无法前进。后元军决定舍郢州不攻,由黄家湾入汉水,张世杰派精骑两千追杀,元军早有准备。宋军退回,元军东下。

张世杰

贾似道丧师芜湖

元军经汉水破鄂州,再顺江而下攻宋,黄州、蕲州、江州、安庆相继落入元军手中。临安宋廷大震,群臣上疏以为非师相亲出不可。贾似道不得已,于德祐元年(1275年)正月,亲率宋军精锐十三万出师江上,到达芜湖。贾似道欲决战,又两次派人乞和,被拒绝后惶恐不安,准备逃跑。二月,元军发起进攻,水陆并进,势不可挡。宋兵丧胆,无力接战,似道退兵,元军乘胜追杀,十三万宋军全线崩溃。贾似道逃往扬州。后贾被贬,于途中被押解者处死于木棉庵。

木棉庵旧址

李庭芝守扬州

德祐元年，元军入建康，分兵四路攻取附近州县。当时，两淮地区是宋军重要防线，扬州尤为战略要地，常驻重兵。名将李庭芝在此镇守。四月十九日，元将阿术奉命进军扬州，李庭芝积极备战。后元军攻城，李庭芝多方鼓励宋军固守，人人为之死战，元军久不能克。次年二月，元军破临安，宋主降元，谕天下州县降附。元军持诏至扬州，李庭芝仍闭门坚守。三月，扬州城内粮食快绝，军民仍坚持苦战。七月，李庭芝率兵七千准备由海道南下勤王，留朱焕守扬。不料庭芝一走，朱焕即降，元军追至泰州，李庭芝牺牲。两淮地区尽皆沦陷。

陆秀夫

南宋覆灭

宋军自芜湖溃师之后，江防解体。建康等地不战而降。元军继续东下，兵分三路向临安进军。德祐二年，元军攻陷临安。恭帝请降，被俘北去。宋将张世杰等带宗室益、广二王逃离临安。五月，益王在福州即位，是为端宗；端宗死后群臣又拥立广王即位。1278年，张世杰带广王撤至厓山(今广东新会)，企图凭借险要地形久守。次年，元军大举进攻厓山，宰相陆秀夫负广王跳海自尽，南宋彻底灭亡。

陆秀夫负帝投海

厓山殉难

景炎三年(1278年)四月，端宗病逝。群臣共立卫王为帝，是为帝昺，年方八岁。时张世杰驻兵厓山，陆秀夫为左丞相。因厓山在海中，形势天险，可以自固，于是张世杰迁帝于厓山。十月，元军数路并进，宋军在各地进行了殊死战斗。十一月，琼州、广州沦陷。十二月，文天祥被俘。次年正月，元舟师入海攻厓山，宋师溃。陆秀夫负帝投海，从死者甚众。宋亡。

鎏金仿古银簋

文天祥勤王

德祐元年，元军东下，南宋岌岌可危。文天祥时知赣州（今属江西），尽发家资为军费，组织民兵入卫。景炎二年（1277年），元军大举入闽，文天祥移军漳州，旋复梅州。五月文天祥入江西，连破诸邑，形势大好。八月元军反攻，文天祥寡不敌众，退避粤东。景炎三年十二月，元军再次进攻，文天祥被俘。文天祥坚拒劝降达三年之久，至1283年从容就义。

文天祥

南宋的文化艺术

南宋的文化在北宋的基础上继续发展。北宋的灭亡与南宋的积弱，使得慷慨激昂、悲壮苍凉的爱国词成为宋词的主流，婉约派亦有发展。南宋绘画四大家代表了南宋山水画的最高成就，对后世产生了深远的影响。私家藏书业大发展，藏书成了整个社会的群体性行为，蓬勃发展的藏书业对传播和保存文化遗产具有重要意义。

辛弃疾行楷书《去国帖》

陆游行书《桐江帖》

南宋爱国词的兴盛

北宋灭亡，宋室南迁，饱尝国亡家破之苦人们发出了强烈的爱国呼声。张元干、张孝祥、陆游的词情调苍凉、风格豪迈，为爱国词派的先驱。到辛弃疾，其词气势纵横，抒发慷慨激昂的爱国之情。稍后的陈亮、刘过、刘克庄等继承发展了辛弃疾的词风，形成南宋中叶以后声势浩大的爱国词派，历宋不衰。

南戏形成

北宋末期，闽浙一带出现了一些地方小戏，称为"永嘉杂剧"。到了南宋，永嘉杂剧广泛吸收宋前期杂剧表演故事的形式，发展成具有独特艺术韵味的南戏。南戏以南方口音为主，伴以管乐，曲调轻柔婉转，内容多取材于爱情故事及家庭纠纷，剧情曲折丰富。代表作品有《张协状元》等。

宋版《礼记》书影

私人藏书的兴盛

由于雕版印刷术的普及，中国古代的印刷业走向了全面发展时期。南宋的私人藏书因此逐渐兴起，大藏书家郑樵、晁公武、宋绶、陈振孙等都拥有数万卷藏书。宋代私人藏书的丰富及私家藏书目录的兴起，反映了世人较高的文化学术水平，而且此举对于中国古代文化的保存和传播也起到了重要的作用。

宋代乐舞浮雕
石刻中的六个乐手各执不同乐器正在演奏。

[第四章]
Part 4
草原的崛起

辽　公元907年~公元1125年

辽是我国北方民族契丹建立的王朝。北魏时，活动于辽水流域的契丹族以古八部统治其族众。唐代初年，契丹各部形成了统一的部落联盟——大贺联盟。公元916年，耶律阿保机建立了大契丹国，并逐步建立起比较完整的国家机构，创制了本民族的文字。为巩固周边和拓展疆土，辽朝与周边民族进行了多次战争。辽朝的畜牧业发达，陶瓷制造业独具特色，金属工艺发达，制造的马鞍"天下第一"。

契丹崛起

北魏时期,活动于辽水流域的契丹族以古八部统治其族众。太和年间,契丹南迁依附于北魏。唐代初年,契丹各部形成了统一的部落联盟——大贺联盟,并组织了武装。公元628年,大贺联盟依附于唐。公元916年,耶律阿保机建立了大契丹国,并建立起比较完整的国家机构。之后,阿保机四处发兵征讨,借以扩展版图。公元926年,阿保机灭渤海国,改建东丹国。

耶律阿保机

古八部统治

北魏时期,契丹族已活动于辽水流域。传说契丹最初有七十二部,互不统属。北魏时奇首可汗生八子,族属渐盛,遂分为八部,居松漠之间,即悉万丹部、阿太何部、具伏弗部、郁羽陵部、日连部、匹黎尔部、叱六于部、羽真侯部。八部各有"大人"为长。古八部时的契丹人已与北魏发生了密切联系。公元479年,契丹八部南迁至白狼水(今辽宁大凌河)东,依附于北魏。

辽贵族冠饰

大贺联盟

契丹族在北齐时期还未形成统一的部落联盟。隋开皇末年,契丹已发展为十部,皆依纥臣水(今老哈河)而居。唐初,契丹各部由于自身发展受到突厥的威胁而结成联盟,大贺氏被推举为联盟长。此时,大贺联盟有盛兵四万,分达稽、纥便、独活、芬问、突便、芮奚、坠斤、伏八部,再加松漠都督府、玄州(今河北北部)两地,实为十部,各部首领均出自大贺氏族。大贺联盟最早臣服于突厥,公元628年依附于唐。

兴兵合议的场面
"兴兵合议"是北方民族部落时代采取的民主决策制度。

阿保机建国

公元907年,阿保机取代遥辇氏痕德堇可汗成为契丹可汗。之后,他四处用兵,至公元911年契丹占有东到海、南至白檀(今北京密云南)、西逾松漠(今内蒙古西拉木伦河、老哈河流域)、北抵潢水(今西拉木伦河)的广大区域。其后,契丹又数次扩展版图。公元916年,阿保机称帝,建国"大契丹",年号神册。辽朝自此建立。

契丹驼车图

阿保机建制

耶律阿保机称帝后，开始按中原朝廷模式建立一系列新制度。神册三年（公元918年），阿保机任命汉人康默记为版筑使营建皇都。五年，他命人创制契丹大字，设置夷离毕一职，以掌行政。六年，诏耶律突吕不等撰决狱法，以定法律。用汉人韩延徽、韩知古等定官职名分和礼仪，以解决爵位次序。阿保机对向南攻伐所获取的汉族农业区，按汉族建制统治。他在中央设三省，地方置州、县加以统治。辽之建制至太宗耶律德光时才完成。

契丹碑文

四时捺钵制度

耶律阿保机称帝后，为保持游牧民族随时转徙、车马为家的生活特点，以及皇室贵族射猎钓鱼、习武讲兵的能力，实行捺钵制。捺钵制即辽帝按春、夏、秋、冬四季随水草而畋渔的行动。春捺钵，即每年春季从事猎鹅钓鱼的活动；夏捺钵除避暑纳凉外，主要从事与北、南二院臣僚议国事，暇日游猎活动；秋捺钵则在秋季从事射鹿活动；冬捺钵除为冬季避寒外，则从事与北、南院大臣会议国事、出猎演武或接受宋及诸国使节朝贺礼贡的活动。在捺钵时，辽帝随带契丹大小内外臣僚一众应役之人，汉族官员只有少数得以同行。

辽代水晶双鹅

契丹文字的创制

契丹族原无文字，记事仅以刻木为信。阿保机建国称帝后，于神册五年（公元920年）五月，命突吕不和、韩延徽等人创制文字。九月，契丹大字制成，遂颁行。契丹大字是以几个音符叠成契丹语的一个音缀，在形状上仿照几个汉字合成的一个方块字，特别繁赘难认。约天赞三年（公元924年），阿保机的弟弟耶律迭剌又根据回鹘文创制契丹小字。契丹文字创制后，在当时契丹人种使用并不普遍，但其影响颇深远。

契丹文字

辽建东丹国

公元926年，阿保机亲征渤海，渤海国亡。阿保机改渤海国为东丹国，册封太子耶律倍为东丹王，设左右大次四相及百官，命东丹每年进贡布十五万端、马千匹。辽太宗耶律德光即位后，升东平府(今辽宁辽阳)为南京，将耶律倍迁移于此，尽迁东丹民居于南京，以削弱耶律倍的势力，并派卫士严密监视耶律倍。公元930年，后唐明宗乘机密召耶律倍归唐，耶律倍刻诗云："小山压大山，大山全无力。羞见故乡人，从此投外国。"遂携其渤海夫人(高美人)浮海奔后唐，自此东丹国名存实亡。

辽国武士像

辽与周边民族的和战

辽朝建立后，为巩固周边和拓展疆土，与周边民族进行了多次战争。辽太宗攻灭了后唐，此后辽扶持石敬瑭建立了"后晋"政权。公元954年，辽穆宗援北汉攻后周，大败。之后，后周攻占辽大片土地，周世宗死后辽才收复失地。辽西北、东北的乌古、敌烈、阻卜三部多次叛辽，成为辽无法解决的边患。辽与西夏且和且战，战则胜多。辽与后兴起的金发生多次战争，最终为金所灭。

辽太祖耶律阿保机雕像

辽代马鞍

太宗克唐

天显二年(公元927年)，辽太宗耶律德光继位后，辽与后唐关系逐渐紧张。天显九年，后唐内乱，潞王李从珂自立为帝。德光乘机南掠云(今山西大同)、武(今河北宣化)二州。天显十一年，后唐河东节度使石敬瑭拥兵自立，李从珂出兵征讨，石敬瑭求救于契丹，许诺割让卢龙一道及燕门关以北诸州，德光许之。八月，德光率军于太原败后唐军。十一月，契丹册封石敬瑭为大晋皇帝；闰十一月，契丹军歼灭后唐军，后唐末帝李从珂举族自焚，后唐亡。

辽周交战

契丹铁矛

辽穆宗应历四年(公元954年)二月，北汉南攻后周。辽穆宗遣兵六万援北汉，辽汉联军为后周所败。九年四月，后周世宗柴荣亲率大军攻辽，意在收复燕云州县。辽穆宗命南京留守萧思温为兵马都总管迎击。周世宗由水路攻取辽之宁州(即乾宁军，今河北青县)，辽守将纷纷投降，辽失益津(今河北霸县东)三关。后周世宗因病班师，辽才得以收复失地。六月，周世宗柴荣病死，辽与后周的战事结束。

手持骨朵的辽人
骨朵是安装在木柄上的蒜头状重铁器，是辽兵必备的武器，可以重击敌人。

三部抗辽

辽周围地区居住着乌古、敌烈、阻卜三部。辽太祖耶律阿保机曾征服三部。统和十五年(公元997年)，敌烈八部叛辽。辽发兵追袭，俘其部族之半。开泰元年(1012年)，阻卜各部相继叛辽，乌古、敌烈也与之呼应。辽派兵征剿，阻卜溃逃。辽廷遣人招降各部，各部陆续归附。太平六年(1026年)，西阻卜各部又叛辽。辽派兵征讨并败阻卜兵。此后，阻卜各部时降时叛。辽代西北和东北的边患逐成为辽朝无法解决的问题。

《门吏图》
辽以武立国，遂得以逐鹿中原，因此尚武之风盛行。

兴宗征西夏

公元986年，西夏国主李继迁由联宋改为依附于辽。辽兴宗重熙元年(1032年)，元昊继夏王位，辽册封元昊为夏国王。其后，西夏攫利于辽、宋之间。重熙十三年五月，辽征党项，而元昊又赴援党项。九月，辽兴宗亲征西夏，辽军败绩。及元昊至辽营，双方议和。重熙十七年，元昊死，子谅祚继位。辽兴宗遂又于十八年七月征西夏，初战失利，之后屡胜。十九年十二月，西夏王李谅祚请和称臣。二十年五月，辽许和。

辽国五京尽失

金天辅四年（1120年）五月，金出兵三路奔袭上京临潢府，天祚帝耶律延禧仓皇逃往中京大定府。不久金又攻破中京，天祚帝逃往西夏。天辅六年四月，金围攻辽西京，辽军大败，金攻下西京。西京一失，辽西路州县部落随即土崩瓦解，纷纷投降金朝。同月，金应宋将童贯的要求，分兵两路，攻辽南京析津府，辽军不战自溃。在此期间，北宋两度出兵围攻燕京，均为辽所败，后金攻下燕京。至此，辽五京均为金所有。辽亡。

辽代鱼形玉佩

位于辽宁省北宁市的崇兴寺双塔建于辽代晚期。

北辽始末

耶律淳为辽兴宗耶律宗真之孙，颇受天祚帝宠信。天庆六年(1116年)，天祚帝封淳为秦晋国王、拜都元帅。保大二年(1122年)，天祚帝逃往夹山之前，命宰相张琳、李处温与秦晋国王淳守燕京。三月，耶律淳被留守众官拥立为帝，帝号天赐，改元建福。史称北辽。辖燕、平、云、上京、中京、辽西六路。淳欲求附于金，事未成而病死。金兵于同年十二月占领燕京，历时十个月的北辽政权灭亡。

耶律大石建西辽

耶律大石是辽太祖耶律阿保机八世孙，曾任兴军节度使。保大四年(1124年)七月，天祚帝率残兵收复燕、云之地，大石谏应养兵待时而动，天祚帝不听。大石即自立为王，率二百骑兵西行。后得到威武、崇德、会蕃等十八部援助，又得到回鹘王的大力资助，由是军势日盛。随后击败来攻之金军，疆域扩大，政权巩固，遂于1132年在叶密立正式称帝，号葛儿罕，史称西辽。1211年，西辽乃蛮部屈出律出兵俘西辽末帝直鲁古。夺帝位后，屈出律沿用西辽国号，至1218年灭于蒙古。

鎏金凤纹银靴
这是辽代贵族所穿的靴。

辽朝的经济文化

辽朝建立后，统治者鼓励发展经济，畜牧业、手工业等都得到了前所未有的发展。辽代设有专门的畜牧业管理机构，因此畜牧业十分发达；陶瓷技术在模仿北宋定窑瓷器的基础上又有所发展，制作出独具民族特色的白瓷、绿釉瓷、三彩瓷；所制作的马鞍"天下第一"。辽统治者还为加强统治，大兴佛教，并刊刻佛经。

辽代"天朝万顺"铜币

契丹牵马图

发达的畜牧业

畜牧业是辽朝契丹族人民的主要生产部门，放牧的牲畜以驼、马、牛、羊为主。"大漠之间，多寒多风，畜牧畋渔以食，皮毛以衣。转徙随时，车马为家"。各皇帝都很重视畜牧业的发展，畜牧业因此十分发达。太宗时，"有西楼羊马之富"，至道宗时，"牧马蕃息，多至万"。辽朝在各地区设有"群牧司"、"马群司"、"牛群司"等畜牧业管理机构。

颇具民族特色的陶瓷业

辽代的陶瓷制造业继承了北宋定窑的制瓷传统，又结合自己民族的特点，创制出了具有独特风格的辽瓷。辽代著名的瓷窑有林东上京窑、赤峰缸瓦窑和龙泉窑等。辽代白瓷产品精良，青瓷釉色美丽光亮，绿釉瓷以深绿色为多，古朴大方。辽三彩的烧制技术也很高，瓷质精细，釉色斑斓。辽瓷的外形和纹饰具有浓厚的民族特色，如鸡冠壶、鸡腿壶、长颈瓶等，都是辽瓷所特有。

辽代镶金口白瓷盘

鸡冠形壶把
仿皮绳纹饰边

鎏金银鸡冠壶
辽朝的盛水器，在军队中用作军用水壶。

辽代的金属工艺

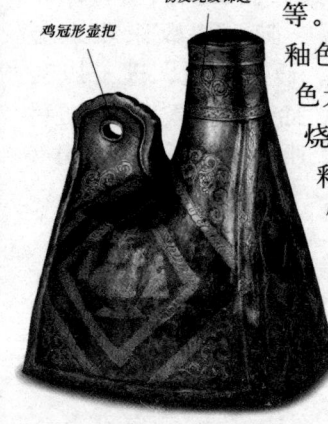

耶律阿保机俘虏蔚县汉人后，在中京道泽州"立寨居之，采炼陷河银冶"。这是辽代金工之始。契丹非常擅长马具、兵器的制作，"契丹鞍"与宋朝名产蜀锦、定瓷、浙漆等并称当时"天下第一"。辽国马具涂金装银，常作为珍贵礼品赠送给友邦。赤峰辽驸马卫国王墓出土的鎏金银鞍，上饰有精细的花草纹和龙凤纹，精美绝伦，展示出了辽代高超的工艺制作水平。

第五章 Part 5
夹缝中的政权

西夏 公元1038年～公元1227年

西夏为党项族拓跋氏贵族建立的封建割据政权。党项族原居住在今青海、四川交界处，唐开元年间内迁。唐朝末年，因助唐进剿黄巢起义有功，其首领被擢升为夏州节度使。宋初，党项拓跋首领归宋，唯继迁不服，出逃叛离。1028年，继迁孙元昊自号嵬名氏，颁秃发令，颁立文武官制。1036年，元昊定兵制。1037年，元昊又创制西夏文字。自此，西夏立国条件日臻成熟。1038年，元昊称帝，国号大夏。西夏建立后，与周边国家多有战事。西夏的各种制度基本上仿照北宋的制度而建，西夏几任统治者又都喜好儒学、佛学，这些促进了西夏封建化的进程。

党项建国

党项族原居住在今青海、四川交界处，唐开元年间内迁。因助唐进剿黄巢起义有功，党项族拓跋部首领思恭被擢升为夏州节度使。自此，党项始据有夏、银、绥、宥四州，实为藩镇。宋初，宋太宗欲收缴拓跋节度之权，拓跋族首领之一继迁叛逃，与辽结盟，共抗北宋。其后党项势力日益强大。1038年，元昊称帝，建大夏国。宋人称之为西夏。

西夏竹刻人物横楣

发现于贺兰山中的西夏岩画

元昊称帝

继捧入朝

宋太平兴国五年（公元980年）十月，宋定难军节度使、党项拓跋首领李继筠卒，其三弟李继捧遂自行袭职，族人多不服。七年三月，继捧从父李克文上疏宋廷，以为继捧不当袭职，请遣使诏谕继捧入朝。宋太宗从之。继捧慑于胁迫，于五月率部落首领及族人五万余同赴京师汴京城。太宗大悦，未几复令继捧亲属族人悉入朝。从此，拓跋之权为北宋收缴殆尽，唯继捧族弟李继迁不服，拒绝入朝，出逃叛离。

拓跋归宋

公元960年，宋太祖赵匡胤即位。拓跋首领、后周定难军节度使李彝殷遣使奉表入贺。不久，北汉主刘钧集代北诸部侵掠宋河西地，彝殷遣从弟、都将助宋御北汉兵。宋乾德五年（公元967年）九月，彝殷卒，子光睿嗣位。宋授光睿为定难军节度使。九年，宋太祖伐北汉，光睿率兵助宋。宋太平兴国三年（公元978年），光睿卒，子继筠嗣立。四年，太宗亲征北汉，继筠再率部助之，大捷而还。

西平建都

继迁出逃后，数扰宋边。宋咸平五年（1002年），继迁攻陷灵州（今宁夏灵武西南），改称西平府。灵州土地肥沃，物产丰饶，继迁认为西平府北控河朔，南引庆、凉，扼守诸路上游，实为北宋西边要害之地，于是决定在此修缮城池，练兵积粟。六年，继迁令牙将李知白等督民筑城设防，又于城内建宗庙、置官衙。未几，城成，继迁遂正式定都西平府。

西夏木缘塔

德明归宋

宋景德元年（1004年），继迁卒，其子德明嗣位后，因未受宋、辽封册，部众多疑虑。行军右司马赵保宁劝德明称臣请封于辽。景德二年，德明遣保宁入辽请封。但是自继迁身亡，党项部众人心不安，内附归宋者甚众，虽禁但不能止。于是有谋士请德明归附北宋。六月，德明遣使入贡宋廷，请求册封。宋真宗以德明须退还灵州、限居平夏、遣子弟入宿京师等七事为纳款条件。德明乞请先行封册，再议七事，真宗未许。三年，夏州妙娥等大族见德明势孤力弱，举部投宋。自是，河西诸部归宋者日众。九月，德明又遣使入宋进誓表，请纳降。十月，议和成。宋册封德明为定难军节度使、西平王。

西夏王陵鸱吻

元昊改制

1028年，德明子元昊嗣位。元昊先废唐、宋所赐之国姓（李、赵氏），自号嵬名氏，属族悉改姓嵬名。其后颁秃发令，以秃发、耳垂重环为俗。再升兴州(治今宁夏银川)为兴庆府，颁立文武官制，以中书、枢密、三司分掌政、军、财三大部门，御史台掌监察。宋景祐三年（1036年），元昊始定兵制。景祐四年，元昊又将新创西夏文字，令野利仁荣书写成20卷，教国人传习使用。自此，西夏立国条件日臻成熟。

西夏白地黑花猴鹿纹瓶

西夏建立

夏大庆三年(1038年)十一月，元昊在兴庆府即皇帝位，国号大夏，定都兴庆府。立文武百官。又令群臣奉册为其先祖上谥号：继迁谥曰神武皇帝，庙号太祖；德明谥曰光圣皇帝，庙号太宗。次年正月，元昊遣使以己称帝入告北宋。五月，又仿唐、宋制，定夏国朝仪。九月，元昊仿宋制始设尚书令，掌百官庶务，辖十六司分理。从此，西夏官制完备。其时，夏国疆域东据黄河，西至玉门关(今甘肃敦煌西)，南临萧关(今甘肃环县北)，北抵大漠，共辖土方两万余里。

元昊之死

夏天授礼法延祚十年(1047年)三月，元昊命皇妃没藏氏之兄没藏讹庞为国相。皇妃没藏氏与讹庞预谋废太子宁令哥而立没藏氏子谅祚为皇太子。后元昊夺宁令哥之妻，又废宁令哥之母野利氏后位，宁令哥甚为愤怒。讹庞遂唆使宁令哥作乱。十一年正月十八日，宁令哥乘元昊酒醉，与野利族人闯入元昊之室，恰与元昊遇，宁令哥刺之不中，遂劓其鼻而去。翌日，元昊卒，年四十六，庙号景宗。未满周岁的谅祚在讹庞拥戴下嗣位。

西夏褐釉剔花牡丹纹罐

西夏石刻文字

西夏与宋辽金蒙的和战

西夏建立后，与周边政权多有战事。公元985年，党项拓跋首领继迁攻宋，大败而归，遂走向了联辽抗宋的道路。公元991年，继迁用计夺得宋夏州，后继迁又于1001年夺得宋之灵州。1081年，宋西征西夏，西夏奋起抗击，最终击退宋军。在对待辽和金方面，夏初期采取的是援辽抗金的政策。后辽势力减弱，金逐渐强盛，夏遂依附于金。中兴府之战后，夏又依附于蒙古。

西夏君臣合议攻宋之事

联辽抗宋

宋雍熙二年(公元985年)，党项拓跋首领继迁出兵围攻宋抚宁砦(今陕西米脂西)，大败而回。继迁自知兵单力弱，势不得安，遂借辽的援助以抗宋。三年二月，继迁遣使入辽，以示归附。圣宗许之。十二月，继迁又引五千骑至辽边境请婚，并称愿永做藩辅。三月，辽以义成公主与继迁结姻。自此，继迁与辽通好，夹困北宋。

西夏木画武士

夏州易主

公元987年，继迁兵掠夏州(今陕西靖边北)，败宋知州安守忠于王庭镇。之后，继迁屡犯宋境。宋太宗令继捧出朝复镇夏州。未几，继迁领兵再围夏州，继捧告急，求援于宋。公元991年，北宋以商州团练使翟守素率兵赴援。继迁知守素善战，恐己非其对手，遂谢罪请降。然继迁既已结好契丹，无意受宋招抚，名曰降宋，实为缓兵之计。继迁假托辽主之命，诱继捧叛宋，臣事契丹。继捧从之。从此拓跋氏复倚夏州为抗宋据点。

灵州之战

宋至道二年(公元996年)，继迁先断灵州粮道，又纠集数万余众围攻灵州。七月，宋太宗分兵五路进剿继迁。继迁避开三路宋军，与另两路战，皆不胜。次年，继迁数与宋战，屡屡败阵，遂遣使入宋请和。宋真宗许和，并归还夏、银、绥、宥等地。继迁既得先世故土，又欲吞并灵州。宋咸平四年(1001年)，继迁再攻灵州，不克。五年三月，继迁集重兵围攻灵州。灵州城受围两月有余，内无粮草，援军又受阻截无法解救，遂陷落。

西夏褐釉剔花牡丹纹瓶

西夏王陵遗址

五路御敌

1081年，夏太后梁氏母党囚禁夏惠宗秉常，宋神宗乘机下令西征西夏，以李宪为统帅出熙河路(今甘肃临洮)，种谔出延鄜路(今陕西延安)，高遵裕出环庆路(今甘肃庆阳)，刘昌祚出泾原路(今甘肃平凉)，王中正出河东路(今山西太原)，分取夏灵州、夏州，再合围兴庆府。梁太后倾全国之师捍守灵州、兴庆府。八月，宋军五路入夏境。战争初期，宋军势如破竹，但后期，宋军将领争战功，作战失利。夏军乘机反击。五路宋军战果寥寥，遂草草退兵。

西夏《驭马图》

援辽抗金

女真首领完颜阿骨打建立金国后，即南攻辽国。夏元德三年(1122年)三月，金破辽中京(今内蒙古宁城西)，天祚帝逃至辽西京(今山西大同)。四月，金兵再攻取辽西京。五月，夏主乾顺遣大将李良辅统兵三万援救。金都统斡鲁率军袭击夏军侧翼，良辅大败，撤军返夏。五年正月，乾顺再发兵救辽，又受金军所阻，不得进。后金遣使入夏，以割让辽地诱乾顺叛辽附金。乾顺慑于金国威势，不敢救辽。后天祚帝遣使求夏出兵援辽抗金，乾顺终不应。

锻铁图
这幅敦煌西夏冶铁图是中国现有最早的木风箱冶铁图之一，表现了西夏的冶铁技术。

铜火铳
一种管形射击火器，在北方少数民族的攻战中已出现，是现代枪炮的雏形。

中兴府之战

夏应天四年(1209年)，蒙古成吉思汗欲伐金国，恐西夏借机发难，遂于二月先举兵攻夏。七月，蒙古军进逼中兴府(即兴庆府，1205年改称)。夏襄宗李安全急派兵赴援中兴府外围要冲克夷门(今银川西北)。不久，蒙古军攻陷克夷门，围攻中兴府。安全亲督城中将士据城御敌。蒙古军屡攻不下，遂筑堤引黄河水灌城。中兴府受水淹月余，城将塌。适逢外堤溃，河水四溢，倒灌蒙古军，中兴府方得解围。之后安全被迫向蒙古请和。

西夏文字
意为"火急驰马"

凤翔失约

夏襄宗李安全于中兴府之战后，向蒙古请和，且相约合兵攻金。夏光定十三年(1223年)正月，夏神宗遵顼发步骑十万助蒙将木华黎围攻金凤翔路(今陕西凤翔)，但夏、蒙军屡攻不下。夏军统领以为凤翔不能攻陷，未报木华黎，竟引兵先归。十月，木华黎以凤翔之战夏军不辞而别，兵伐夏国，攻夏积石州(治今青海循化)。积石州被围十余日，及金国应夏之请出兵，方得解围。蒙夏遂交恶。

西夏的制度、文化

西夏的各种制度基本上是仿照北宋的制度建立的，如官制就是在中央设立中书省、尚书省、枢密院机构，地方上实行州、县制；西夏实行部落兵制，由党项贵族充当高级军事将领；西夏还积极向文化繁荣的宋朝学习，元昊命人仿照汉字创造了西夏文字；西夏几任统治者都喜好儒学、佛学。这些都促进了西夏封建化的进程。

西夏人酿酒场面
西夏人生活在高寒地带，为了抵御严寒，酿酒与饮酒成为他们的生活习俗。

西夏的军事制度

西夏的军事制度是在党项的部落兵制基础上吸取宋制而发展起来的。西夏兵役制度是全民皆兵制，部落男子从15岁至60岁都要服兵役。西夏军队有十二监军司，每一监军司设都统军、副统军和监军使各一人，由党项各部贵族担任。下设指挥使、教练使及左右侍禁等数十人，由党项人和汉人分别担任。在中央，夏王廷则选豪族子弟五千人组成侍卫军，以加强对各部落豪族的控制。

西夏钱币
西夏铸币有二十余种，钱面有西夏文，也有汉字。

西夏武士复原图

经匣　经书

备经图
西夏和辽都十分注重对儒学的研究。

西夏文字的创造

党项本无文字。1036年，西夏首领元昊依据党项语创制西夏文字，命野利仁荣演绎之，成书20卷。西夏字创制后，元昊即颁行全国。西夏文共有六千多字，文字构造多采用汉字"六书"中的会意字和形声字，文字结构也和汉字一样，以偏旁、部首组成。

西夏尚儒

元昊建立西夏王朝后，将《孝经》《尔雅》《四言杂字》等译为蕃书，以使党项族广泛接受儒学思想，又重用宋朝儒生张元、吴昊等。毅宗谅祚时大力推行儒学，向宋朝求得《九经》，又将《论语》《孟子》等儒家经典译成西夏文。后仁宗也在推行儒学方面不遗余力。西夏尚儒，推进了其封建化的进程。

[第六章] Part6

女真的勃兴

金 公元1115年～公元1234年

女真族起源于商周时的肃慎，五代时改称女真。11世纪初，女真在函普的领导下逐渐壮大。1115年，女真首领完颜阿骨打称帝，建立金国。完颜阿骨打在女真部落旧俗的基础上，建立了一套奴隶制的政权机构，国力迅速增强。1125年，金灭辽，1127年，金灭北宋。金世宗时，他进行了一系列改革，促进了金朝的封建化进程。金朝末期，受到新兴的蒙古政权的不断打击，最终于1234年被蒙古所灭。

金国初建

女真族起源于商周时的肃慎,五代时改称女真。辽时对其实行迁徙分化政策,造成女真族的分散落后,先后出现熟女真、生女真等部落。辽末,辽统治者向女真征收大量贵重物品,引起女真各部的强烈不满。11世纪初,女真在函普的领导下逐渐强大。1113年,完颜阿骨打举旗抗辽,并连败辽兵。1115年,阿骨打建立金朝,并完善金朝政权。

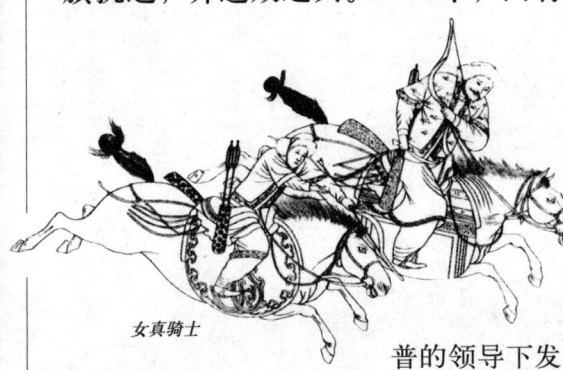

金代黄玉凤纹佩

女真骑士

女真族的演变

商周时东北地区的肃慎人是女真人的远祖。隋唐时称"靺鞨",分布在东流松花江南、黑龙江下流(包括中游一部分)南北一带。靺鞨两部粟末靺鞨和黑水靺鞨都归附于唐朝。五代时,靺鞨改称女真。11世纪初,生女真完颜部在始祖函普的领导下发展起来。及至献祖绥可时,定居在按出虎水(今黑龙江哈尔滨南阿什河)之侧。这里便成为女真完颜部的发祥圣地。

函普订约

函普又作龛福,女真始祖。相传最初从高丽来,后与女真完颜部女婚配,遂成为女真完颜部首领。其时女真部落间血缘复仇和私斗不断发生,函普为调解诸部落之间的斗争,规定以财产偿给所杀伤之家,所偿财产不是由氏族付出,而由伤人者家族中支出。这种约法加深了氏族社会财产的分化,有利于新的富有者出现,也促进了女真族的发展。

金代萧窑白地褐花四系瓶

生女真和熟女真

女真又作女直。辽时,被征服。其中,在今辽宁及吉林南部地区的女真人,被编入辽的户籍者称熟女真,或系籍女真、系辽女真、系契女真。而在辽的役属以外,分布在以今松花江、长白山为中心,东北迄今汤旺河以东,东南到达朝鲜咸境北道北部的女真人,因不在辽的直接管辖下,不编入辽的户籍,称生女真,或不系籍女真、不系辽女真、不系契女真。

女真族的发源地——长白山

乌古乃结盟

函普六世孙乌古乃被部众推选为诸部长后，女真势力渐强。乌古乃设法得到辽的信任，在辽的支持下，从邻族换来大量铁器，制作成弓矢器械，兵势渐强。斡民水（今吉林通化北哈泥河）蒲察部、泰神忒保水完颜部、统门水温迪痕部、神隐水（吉林敦化东北）完颜部皆相继来附。此后乌古乃在部中设国相等职辅佐治政，乌古乃联盟势力渐强。

阿骨打建金

辽国耶律延禧（辽天祚帝）即位之后，契丹贵族对于生女真的压榨勒索愈来愈严重，并且经常对女真人加以侮辱。辽天庆三年（1113年）十二月，女真联盟首领乌雅束死，其弟阿骨打嗣位。在他的领导下，女真承前代富庶之余，实力愈发强大，女真族历史进入了一个崭新的发展阶段。次年七月，完颜阿骨打起兵反辽，女真军多次挫败辽的镇压，兵力日渐强大。天庆五年一月，完颜阿骨打在按出虎水（今黑龙江哈尔滨南阿什河）建立金国，即皇帝位，他就是金太祖。

女真铜印 这种印属于当时官员所有。

撒土浑谋克印

金太祖完颜阿骨打陵

金初的行政制度

完颜阿骨打在女真部落旧俗的基础上，建立了一套奴隶制的政权机构。他在中央设一系列的勃极烈（女真官名，即后来满族中的贝勒）职官分管各项事务，原来的氏族部落血缘组织和军事组织猛安谋克，被改变成亦兵亦农的地方行政组织；确立了一套以"无轻重贵贱之别，刑、赎并列"为特点的简单法律制度，以维护奴隶制统治。勃极烈保留了一些古老议事制的痕迹，但实际上已是辅佐皇帝的统治机构，是全国最高的行政管理中枢。

猛安谋克制

原始社会后期，由于征掠、围猎的需要，女真族人开始在其部落内部以血缘为纽带设立固定的军事组织，其首领称为猛安、谋克。谋克相当于百夫长，猛安则相当于千夫长。金国建立的前一年，阿骨打突破了血缘关系，规定以户为计算单位，始订"三百户为谋克，十谋克为猛安"，将女真人的氏族部落组织转变为具备政治、军事、生产三种职能的奴隶制政治制度，为金国政权的建立奠定了基础。随着女真族人向南的军事扩张及金国政权的建立，女真统治者逐渐在新占领的汉族、契丹族和渤海族地区推行猛安谋克制。1214年，金宣宗南迁后，猛安谋克制被废除。

金代菱纹团花套裤

金与辽夏宋的征战

金太祖完颜阿骨打起兵反辽后，同辽朝进行了一系列的战争，宁江州战役是金朝反辽取得的第一场大胜利。随后金军屡次战胜辽军，攻取了辽的大片地区。阿骨打死后，金朝联宋继续击辽，并攻占了辽重镇燕京。1125年，金灭辽。1127年，金灭北宋。宋室南迁，金立刘豫为皇帝，建立了伪齐政权。

金代武士俑

高3.2米
正面刻有汉文
大金得胜陀碑
金太祖完颜阿骨打誓师反辽，建立此碑，碑上记述了金誓师反辽的经过。

太祖伐辽

阿骨打举旗反辽后，于天庆四年（1114年）九月率军进攻宁江州，大败辽军。之后他又数次击败辽军。辽天庆五年，阿骨打即皇帝位。建国后，太祖率军进攻辽军事重镇黄龙府（今吉林农安），取达鲁古城（今吉林前郭尔罗斯塔虎城）。九月，攻占黄龙府。十二月，与辽军大战护步答冈，击溃辽天祚帝亲征军。天辅四年（1120年），取辽上京（今内蒙古巴林左旗）。六年，取辽中京（今内蒙古宁城西）、南京（今北京）。七年，领兵西逐辽天祚帝。八月，阿骨打于归途中去世。

金左副元帅印

宁江州之战

天庆四年九月，阿骨打起兵反辽，兵指宁江州。是时，辽天祚帝闻女真起兵，并不在意，仍由辽东北路副都统萧挞不野守宁江州。女真兵攻入辽界，辽军不战而溃。十月，女真克宁江州，俘辽防御使大药师奴。阿骨打在军事进攻的同时，还招降契丹、渤海人，暗中放回大药师奴，以便招纳辽人。又命渤海梁福、斡答剌回乡招纳渤海人，遣完颜娄室招纳系辽籍女真人。自此女真人力量大增。攻破宁江州是女真反辽斗争取得的第一次胜利。

燕云取弃

根据宋金"海上盟约"，宋金夹攻辽，辽中京由金攻取，长城南燕京（亦即辽南京，今北京）由宋攻取。天辅六年，宋将童贯兵至雄州，分别于五月和九月两次攻燕京，均败。十二月，金太祖亲率大军攻取燕京。金占领燕京后，将燕京城中官民、子女、金帛尽掠而去，以燕京空城及所属六州归宋，向宋索取代租钱。几经谈判，宋以每年一百万贯钱作为代租钱赎燕京及其所属六州。四月，童贯入燕，金人退出。

金代双鱼纹铜镜

胡人骑士
这幅金朝画中的胡人骑士实际是早期女真人的形象。

金灭北宋

宋靖康元年（1126年），即金天会四年十一月中旬，东西两路金军分别渡过黄河进击北宋。十一月下旬，金军包围开封。十二月，宋钦宗奉上降表，正式向金投降。金军攻占开封城。次年四月，金将宗望、宗翰带着被俘的宋徽宗、钦宗等数千人以及掠夺的大量金银财宝回归金国。北宋灭亡。

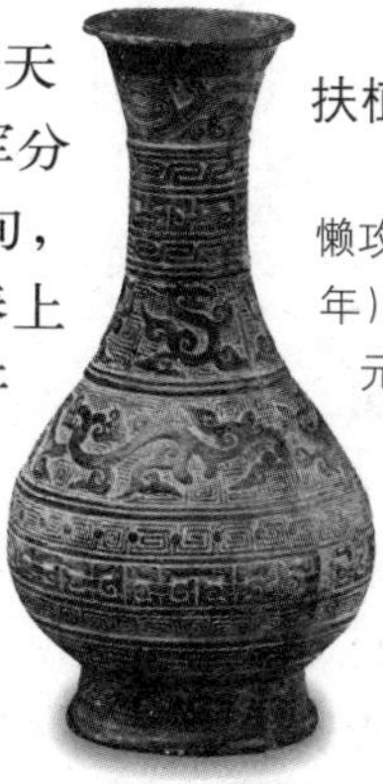

宗浩北伐

金章宗时诏议北讨鞑靼广吉剌部、阻卜部，金臣宗浩提出"先破广吉剌，后提兵北灭阻卜"之策，章宗遂命宗浩率军北伐。宗浩前军与山只昆所统石鲁、浑滩两部相遇，大败二部。后宗浩进至呼歇水(今辉河)，所遇之敌乞降，宗浩释之。承安三年(1198年)十月，斜出等请求在辖里袅(今多伦诺尔东北、达里泊南活来库勒泊)开榷场，以示相好。

《套马图》
又称《二骏图》，它生动描绘出金朝女真骑士的矫健身姿。

太宗灭辽

天辅七年九月，金太宗即位，他继承太祖灭辽的方针，继续发兵征辽。天会二年（1124年），金说降西夏，金、夏合攻辽。七月，天祚帝率诸军攻取金朝天德军（今内蒙古呼和浩特东）等州，后在武州（今山西神池）被金军击败。是时，辽将纷纷降金，天祚帝四面楚歌。三年二月，天祚帝被金俘获。一年后病死，辽亡。

扶植伪齐

北宋灭亡，宋室南迁。金人南下，金将挞懒攻济南，济南知府刘豫降金。天会八年(1130年)九月，金为设藩辅立刘豫为大齐皇帝，建元阜昌，都大名府(今河北大名)。天会十三年，金太宗卒，金熙宗即位。十一月，熙宗下诏废齐国，降豫为蜀王。刘豫自立至废共七年。

金代仿古陶瓶

彩绘女真骑马俑

金朝前期的制度改革和文字

金朝灭辽进入中原地区后,为加强对中原人民的统治,采用辽朝的南北官制。金熙宗即位后,对金朝的政治经济制度进行了一系列的改革,从而加强了中央集权,发展了社会经济。但他后期的专制恐怖统治使金朝统治集团内部发生分裂,削弱了金朝的实力。后金世宗所进行的改革也有积极的意义。金朝也创立了自己的文字。

大同善化寺普贤阁
善化寺普贤阁是金朝典型的楼阁建筑。

金代东岳大帝坐像

沿用南北官制

天辅六年(1122年),金兵侵辽。三月,取中京,既而克西京,先后招抚辽众多官民,为安定民心,始用南北官制。十一月,金向燕京进军,诏谕燕京官民,降者赦其罪,保留其官职。天会二年(1124年),宗望定平州(今河北卢龙),平州人不乐为猛安谋克之官,宗望便罢汉人地区猛安谋克以汉法统治。1126年,金仿唐制建尚书、中书、门下三省。金从太祖入燕,开始用辽南北官制,至太宗时,南北官制得到全面实行。

天眷新制

金熙宗从天眷元年(1138年)开始,对金朝的中央制度进行了改革。主要内容包括:实行"换官"制;增设平章政事和参知政事,削弱宰相的权力;设御史台监督官员的行为,加强皇权;以京师为京,府为会宁府,仿宋汴京改建会宁府,以加强京城制度;定礼仪,皇帝有特制的冠、服,百官朝见皇帝,要穿规定的朝服;始设仪卫将军,亲王以下官员禁止佩刀入宫。这次改革极大地加强了金朝的中央集权,同时也巩固了女真改革派和汉人官员在金朝中央的主导地位。

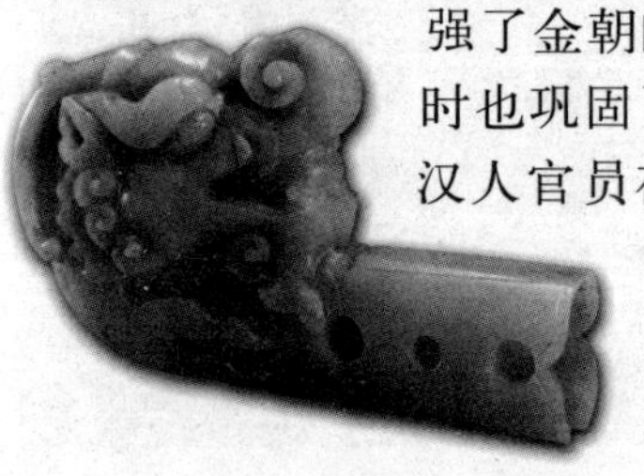

金代白釉黑花葫芦式壶

金代玉车饰

金初的刑法

金朝初年(1115年~1141年)的法制是"刑赎并行"。主要内容包括:贫民负债不能偿还者,可卖妻子为奴;由平民沦为奴隶者,可用两人(两个奴隶)赎一人作平民;在东京州县渤海人和南路系辽籍女真人中,废除辽朝的某些封建剥削制度,改用女真的制度;犯罪应罚为奴隶者,可以用财物赎免;又在地上挖掘深数丈、方圆数丈的空间作为监狱,囚禁犯人。

琥珀头饰
假瓶塞
琥珀质地

天眷之乱

太宗后期，大臣宗翰总揽军政大权。天会十三年（1135年），熙宗即位，削夺宗翰权势，并提携宗磐。天会十五年，宗翰卒，从此宗翰一派失势。而宗磐日益跋扈。熙宗为控制宗磐，提宗隽为尚书左丞相兼侍中，结果宗磐与宗隽、挞懒结合谋反。熙宗杀宗磐、宗隽，后又杀挞懒。天眷三年九月，熙宗因疑忌，杀左丞相希尹，并诛萧庆及希尹子、昭武大将军把答、符宝郎漫带等。熙宗天眷年间的皇室内乱一直延续到皇统、天德年间，导致太宗子孙相继被戮。

熙宗在经济方面的改革

熙宗在位期间，除改革中央的官制外，还对金朝的经济进行了重大改革。其主要内容有：废除辽东汉人、渤海人猛安谋克承袭制，将猛安谋克户大批南迁，实行"计口授地"，金朝逐渐向封建土地经济过渡；禁苑空地，分给百姓耕种；解放奴婢，岁饥流民典雇为奴婢者，放还回乡；鼓励流民归业生产；兴复水利。熙宗的改革，很快收到了应有效果，社会经济趋向稳定发展，从而加速了金朝的封建化过程。

金世宗改革

正隆六年（公元1161年），金世宗即位，迁都中都。为改变国势不安定的局面，遂采取一系列措施。主要有：政治方面，改变过去重用燕人、敌视宋人、排斥政敌的做法，广揽各族人才。经济方面，放免二税户和奴婢，放被征侵宋兵归乡，派人安抚百姓归业生产，诏谕起义农民或躲避徭役者及时耕种，招集流民复业，减轻赋税和徭役，规定商税法，取消诸杂税等。外交方面，主张对南宋议和，与民休息；与西夏、高丽和平相处，以保边界。世宗治世政策的实行促进了金朝的封建化进程，社会上出现了比较繁荣的局面。

金代墓室壁画《牧羊图》

金世宗

女真文字创立

女真初无文字，与邻族交往借用契丹文。建国后，金太祖阿骨打命完颜希尹创造女真文字。女真文字系参照契丹字和汉字制成，有大字、小字两种。大字为完颜希尹与叶鲁奉命创造，天辅三年(1119年)颁行。小字颁布于熙宗天眷元年(1138年)，皇统五年(1145年)开始使用。传世女真文字仅有一种，明代还在使用，是大字还是小字，学术界尚无定论。

金货币
金代铜钱钱文基本上不用女真文，多用楷书汉字，绝大多数是年号钱。

金朝中后期的治乱与衰亡

金熙宗晚年，统治逐渐混乱。1149年，金贵族完颜亮发动政变，夺取帝位，迁都燕京。之后，完颜亮南下侵宋，完颜褒趁机即帝位，是为金世宗。金世宗进行了一系列的改革，金朝达到鼎盛。之后的金章宗又进行了一些改革，亦对金朝的稳定、发展有所促进。金朝后期，乱臣擅权，内外交困。1234年，蒙古灭金。金朝共10帝，历120年。

金代磁州窑虎形枕

海陵王政变

金熙宗晚年，贵族完颜宗弼（兀术）执掌大权，政局颇为稳定。但兀术于皇统八年（1148年）去世后，朝廷内部权力纷争再起。金熙宗无法控制政局，遂迁怒于大臣，更因不满皇后干预朝政而杀皇后及妃嫔多人。次年十二月，金贵族海陵王完颜亮发动宫廷政变，杀掉金熙宗，夺取帝位，史称海陵王政变。

金代双凤齐飞玉饰

迁都燕京

金原来建都上京（今哈尔滨西南），天德三年（1151年）三月，海陵王完颜亮因为上京地处极北，偏僻不便统治，于是决定将都城迁往地点居中的燕京（今北京）。四月，海陵王正式下诏宣布将迁都燕京。天德五年，工匠们经过两年的辛勤劳作，建成中都燕京。同年三月，完颜亮举行盛大的仪式，浩浩荡荡南迁燕京。从此，金朝的统治中心南移到了中都。

北海
1153年，金建中都，在今北海大兴土木，建造了许多离宫别苑。

金朝灭亡

金宣宗朝，金国多次被蒙古击败。1214年，宣宗迁都汴京。次年，中都失守。宣宗子完颜守绪于元光二年（1223年）即皇帝位，是为金哀宗。金哀宗即位后采取了一系列新措施，但金朝衰势已久，金亡已成定局。天兴三年（1234年）元旦夜，哀宗传位给东面元帅完颜承麟。翌日晨，承麟受诏即皇帝位。正在行礼之时，城南已经树起了宋军的旗帜。哀宗见金朝大势已去，自缢而死。末帝承麟被乱兵杀死。金亡。

金代大定通宝

Part 7

盛世天骄

元　公元1206年~公元1368年

1206年，蒙古族部落首领铁木真统一蒙古各部，建立大蒙古国，被尊称为"成吉思汗"。其后，成吉思汗及其继任者不断向外征伐，占领了亚、欧广大地区。1271年，忽必烈建国号为大元。1279年，元灭南宋，实现了全国的统一。为顺应新的形势，忽必烈实行汉法，同时保留部分蒙古旧制，建立起一套中央集权的封建统治制度。元朝施行民族压迫政策，对原来金朝、南宋和大理统治区域下的各民族人民施行残酷的压迫统治。1368年，农民起义军领袖朱元璋攻入元大都，元朝灭亡。

成吉思汗建立蒙古

唐朝后期，蒙古族的实力迅速发展，漠北高原上的塔塔儿部、克烈部、乃蛮部、蔑儿乞部等也形成了强有力的部落集团。12世纪末至13世纪初，蒙古乞颜氏贵族铁木真先后击败蔑儿乞部、塔塔儿部、克烈部、乃蛮部等，统一蒙古高原各部。1206年，蒙古各部贵族举行忽里台大会，奉铁木真为大汗，尊号成吉思汗，建立大蒙古国。

成吉思汗

蒙古大草原
蒙古人世代以放牧为生，逐水草而居。

蒙古的起源

蒙古族的直系祖先为东胡语系室韦部落。据两《唐书》记载，室韦部族有一部称为"蒙兀室韦"，居望建河（今额尔古纳河）之东。"蒙兀"即蒙古的唐代汉文译名。到唐末，蒙古一部迁到斡难河（今蒙古鄂嫩河）上游。进入草原后，蒙古各方面发展很快。12世纪时，大漠南北，东起今内蒙古呼伦贝尔市，西到阿尔泰山，北自叶尼塞河、贝加尔湖、额尔齐斯河，南至阴山山脉的广大地区已分布了大大小小数以百计的蒙古部落。

铁木真灭塔塔儿部

铁木真是蒙古乞颜部的可汗，塔塔儿部是蒙古兴起前蒙古高原上最强的部落。金建立后，塔塔儿部常与蒙古、克烈诸部争斗，相互之间成为世仇。1196年，金征讨塔塔儿，塔塔儿大败，余众向斡里札河逃奔。铁木真约克烈部王罕乘机攻塔塔儿，他们从斡难河上游东进至斡里札河，俘杀其首领蔑兀真答里徒。塔塔儿从此一蹶不振，于1202年灭亡。

成吉思汗陵墓里的壁画
该画描绘了成吉思汗辉煌的一生。

押送战俘图
通过战争，蒙古人获得了许多战俘。

灭克烈部

克烈部一度是辽金时期漠北最强大的部落。1203年，克烈部首领"汗父"王罕在合兰真沙陀（今内蒙古东珠穆沁旗东北）攻打乞颜族，铁木真大败，仅存4600骑退至董河泽（今贝尔湖东）。是年夏，陶醉在胜利之中的王罕在其驻地折折运都山（今克鲁伦河上游之南）大摆宴席。铁木真趁机发动偷袭，双方激战三天三夜，王罕逃跑，后被杀。克烈部败亡。

骁勇的蒙古骑兵

征服乃蛮

乃蛮部居住地以按台山（阿尔泰山）为中心，东与克烈部为邻。克烈部亡后，乃蛮太阳罕（或译塔阳汗）联络汪古部夹攻铁木真，汪古部不从，告知铁木真。1204年，太阳罕又联合其他部落进攻铁木真，乃蛮军死伤无数，太阳罕受伤被俘，旋死去。太阳罕子屈出律逃奔其叔不欲鲁汗处。铁木真于是进抵按台山，征服了乃蛮部众。

鸣镝
即响箭，是一种在草原上进行远距离军事联络的工具。它借助强弓挽射，可用来发信号。

畏兀儿归附

畏兀儿是公元840年回鹘汗国瓦解后西迁之一部所建的高昌回鹘。西辽建国后，畏兀儿成为其藩属。西辽对畏兀儿十分专横。1208年冬，成吉思汗出兵击溃乃蛮、篾儿乞残部。畏兀儿亦都护巴而术阿而忒的斤见蒙古势大，决定投靠蒙古以摆脱西辽统治。1209年，畏兀儿杀西辽少监，向成吉思汗表示臣服。1211年，巴而术阿而忒的斤亲至蒙古大营朝见成吉思汗，成吉思汗以女也立合敦嫁之，使他享有"第五子"的待遇。

畏兀儿蒙古文
在成吉思汗时期，蒙古人通用的是畏兀儿蒙古文字。

成吉思汗铜像

蒙古汗国建立

1206年，蒙古各部贵族在斡难河源举行忽里台会议，奉铁木真为大汗，尊号成吉思汗。成吉思汗把全蒙古牧民统一编为95个千户，划定牧民范围，授建国功臣、贵戚为千户那颜，世袭领管。千户为军政合一的单位。成吉思汗将护卫军扩充到一万人，分成四队，总称四怯薛。又设"治政刑"的札鲁花赤（断事官）一职，为蒙古国最高行政官。蒙古汗国由此建立，蒙古各部的统一得到巩固。

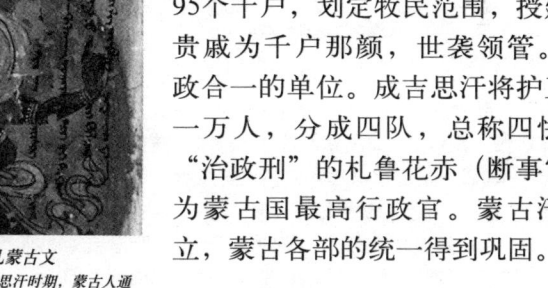

六征西夏

蒙古日益强大后，成吉思汗欲灭金国，但时机还不是很成熟，于是决定先使西夏臣服。1205年，成吉思汗第一次攻入西夏，大掠而归。1207年秋，成吉思汗以西夏不肯称臣纳贡为由，二攻西夏，破斡罗孩城（即兀剌海城），于次年春退走。1209年、1217年、1224年、1226年，成吉思汗又以各种理由先后四次攻打西夏，攻破其数城。1227年，西夏灭亡。

西夏文石碑

窝阔台与蒙哥时代

成吉思汗死后，其子拖雷监国。1229年，窝阔台继为大汗，继续发动对周边的战争。1234年蒙古灭金，次年揭开蒙宋战争序幕。同时，窝阔台还派兵向西先后灭亡不里阿耳、钦察，攻入斡罗思、孛烈儿、马札儿等国。窝阔台死后，蒙哥称汗，并继续对外扩张，吐蕃大理相继归附。蒙哥又命皇弟旭烈兀总领波斯之地，西征未服诸国，蒙古的势力一度扩张到西亚叙利亚境内。

拖雷监国

拖雷是成吉思汗第四子。成吉思汗确定三子窝阔台为继承人，拖雷不服。1227年，成吉思汗病死，窝阔台有待召开忽里台会议决定才能登基，故由弟拖雷监国两年。1228年，忽里台会议召开，窝阔台与拖雷的汗位之争最后以拖雷退让而告终。窝阔台即位后，双方矛盾潜伏。1233年，拖雷死。

征服斡罗思

拔都于1237年进兵斡罗思。冬，进入也烈赞破城屠之。1238年初，拔都破莫斯科，屠其城。进围弗拉基米尔公国，破其城。其后，拔都军继续抄掠诺夫哥罗德、斯摩棱斯克、契尔尼果夫诸公国。秋，攻取太和岭、黑海以北钦察、阿速诸部及斡罗思诸国。1240年秋，拔都率军攻下斡罗思都城乞瓦（今乌克兰基辅），伽里赤、斡罗思诸公国大部分被征服。

拔都西征

1235年，元太宗窝阔台召集忽里台大会，决定由各系宗王居长者统兵远征钦察、斡罗思（俄罗斯）、孛烈儿（波兰）、马札儿（匈牙利）以及其他未臣服地区。1236年秋，术赤之子拔都与诸王、诸将征服押亦河（今乌拉尔河）以北的巴只吉惕部落。随后，征服莫尔多瓦国。1238年初，破莫斯科。冬，攻陷阿速国。拔都一路征进，击溃孛烈儿、捏迷思（德意志）联军，于1241年破马札儿。1242年冬，窝阔台死讯传来，拔都率师东返。

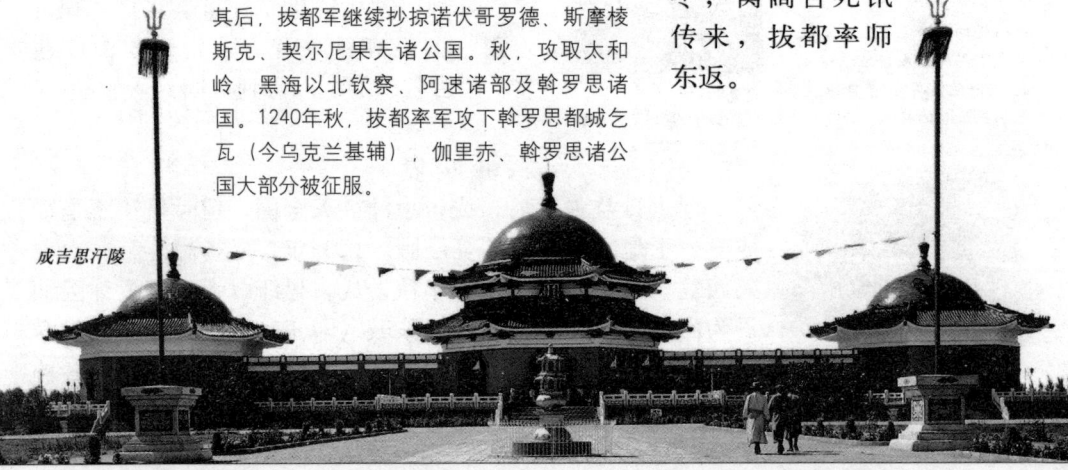

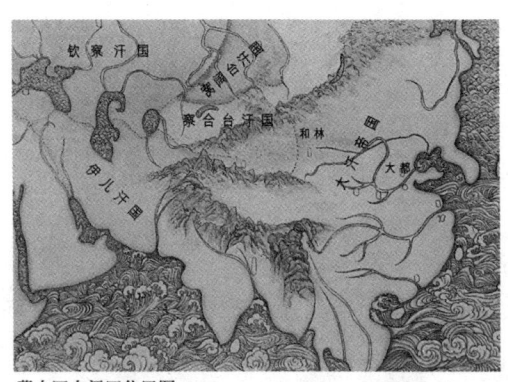

蒙古四大汗国位置图

蒙古四大汗国

四大汗国是蒙古统治者逐次在西征过程中建立起来的。成吉思汗在西征胜利后，把所征服的土地分给他的儿子术赤、察合台、窝阔台。这些封地后来发展为钦察汗国、察合台汗国、窝阔台汗国。1258年，旭烈兀破黑衣大食，建立伊儿汗国。至此，蒙古四大汗国正式建立。

察合台汗国银币

旭烈兀西征

1252年，蒙哥派其弟旭烈兀分镇波斯，统兵征讨尚未降服的国家。1256年，旭烈兀攻灭木剌夷国，1258年攻破黑衣大食（阿拉伯阿拔斯王朝）、克报达（今伊拉克巴格达），屠城。1259年，侵入叙利亚。次年，攻略巴勒斯坦等地。9月，在与埃及的会战中蒙古失利。其后旭烈兀于东起阿姆河和印度河，西迄小亚细亚，南抵波斯湾，北至高加索山之间的广大地区，建立伊儿汗国。

蒙哥继位

窝阔台死后，其长子贵由被选为大汗。因与拔都不和，贵由于1248年征拔都，途中暴死。拔都就以宗长身份在阿剌豁马黑召开部分诸王参加的忽里台会议，首推拖雷的长子蒙哥为大汗继承人。1251年，蒙哥被正式拥戴为大汗，是为宪宗。蒙哥先遣其弟旭烈兀发动西征，后发动蒙宋战争。1259年，蒙哥病卒。

吐蕃、大理归附

1239年，窝阔台次子阔端派其将朵儿答进兵吐蕃。1246年，萨迦派首领萨斯迦·班智达·公哥监藏（简称萨班）携其侄八思巴到达凉州，次年谒见阔端太子，代表吐蕃僧俗归附蒙古。1252年，宪宗蒙哥派弟忽必烈率军南侵大理，于次年攻破大理城。1275年，蒙古派赛典赤·赡思丁出任云南行省平章政事。大理改设路，信苴日出任大理路总管。

金花银盒

蒙古骑兵攻战图
为争夺更多的封户，蒙古军常年发动对外战争。

忽必烈建元

蒙哥死后，其弟忽必烈于1260年即汗位。1271年，忽必烈正式建国号为大元，忽必烈即为元世祖。次年，忽必烈升中都燕京为大都，作为都城。忽必烈设立了宣政院和帝师来加强对西藏的统治，还继续攻宋。1276年，元军攻入南宋都城临安，俘宋恭帝。1279年，元灭南宋残部于厓山，实现了全国的统一。

忽必烈

西人绘《觐见图》
这幅画描绘了马可·波罗一家到忽必烈朝廷时的情景。当时西方的画家把忽必烈画得像个欧洲的国王。

忽必烈称帝

1259年七月，蒙古大汗蒙哥在钓鱼山病死。正在围攻鄂州的忽必烈为了与幼弟阿里不哥争夺汗位，迅速回师北归。1260年三月，忽必烈在开平（今内蒙古多伦西北）即汗位。四月，阿里不哥在漠北和林称汗。双方经过四年争战，忽必烈最终获胜。1271年十一月，忽必烈宣布建国号大元，忽必烈即为元世祖。次年，忽必烈升中都燕京为大都，作为都城。

征服西藏

1247年，萨迦派首领萨班代表吐蕃各部与阔端达成协议，承认吐蕃归属蒙古。在萨迦派的带动下，吐蕃诸部大多归附蒙古。从此，西藏地区正式成为中央政权管属的部分。元朝派军队屯驻乌思藏，设"管蒙古军都元帅府"。吐蕃的军务由宣政院处理，吐蕃或邻境有事，各地长官必须领军听从调遣。这些措施，加强了元朝对西藏地区的直接控制和管理。

西藏哲蚌寺

设置帝师

从忽必烈起，元朝历代皇帝都供奉帝师。帝师是元朝皇帝封给吐蕃喇嘛的最高神职。帝师有两个主要职责：一是为皇帝传授佛戒，举行灌顶等宗教仪式。忽必烈之后，每位皇帝必须先从帝师受戒方能登基。二是统领宣政院。宣政院掌管全国佛教事务，统辖西藏地区。帝师之命，与皇帝的诏敕并行于西藏。元朝中央政府通过宗教的力量成功地加强了对西藏地区的治理。

大元帝师统领诸国僧尼中兴释教之印

宣政院的设立

至元元年（1264年），元设立总制院，统辖释教僧徒及吐蕃地区军政事务。至元二十五年（1288年），忽必烈以唐制在宣政殿接见吐蕃使臣，总制院由此改称宣政院。宣政院设院使二人，其中一人以吐蕃上层喇嘛国师充任。其下设官分职，僧俗并用。遇地方有事，则临时在当地设立分院处理。凡重大军事，由宣政院会同枢密院议处。中统元年（1260年），吐蕃喇嘛教主八思巴被任命为国师，后兼领宣政院的第一任长官。

八思巴觐见忽必烈
元朝统治者尊崇佛教的萨迦派。1252年，该教派的教主八思巴觐见忽必烈，深得忽必烈的赏识，得到赏赐无数。忽必烈成为大汗之后，封八思巴为国师，统领全国僧人。

八思巴创建蒙古文字

1260年，忽必烈即汗位后，封吐蕃萨迦派喇嘛八思巴为国师。忽必烈命八思巴创制蒙古字，至元六年（1269年）正式颁行，称为蒙古新字，次年改称蒙古国字。这种蒙古字系据藏文字母改制而成，共有字母四十多个，用以拼写蒙语和汉语。字母蒙汉基本通用，但有些字母在拼写蒙语和汉语时，代表音值不同。有元一代，八思巴蒙古字一直作为官方文字行用。元亡后，渐渐不用。

元代夜巡铜牌
此铜牌上铭刻有多种文字，包括八思巴文字、畏兀儿文字、藏文及汉字。

忽必烈效行汉法

忽必烈即位之后，为加强统治，大力效行汉法。他采取了一系列措施，主要包括：削藩夺权；加强对地方的控制；设置中央、地方军政机构，加强中央对各种军队的控制，建立侍卫亲军，环卫京畿和威慑地方势力；垦荒屯田，兴修水利，确定赋税数额，促进社会生产的恢复和发展；对宋采取步步进逼的战略，着手准备南下的战争。

元代双凤麒麟石雕

元大都的兴建

忽必烈称帝后，将燕京改为中都。至元四年（1267年），忽必烈开始在中都东北部修建新都。五年，宫城成。九年，忽必烈改中都为大都，正式将其定为元朝都城。大都城平面呈长方形，全城11门，皇城在大都城内南部的中央。大都城街道布局规整，皆正东西南北走向。建成后的元大都，成为当时世界上最著名的都城之一。

汉白玉螭首
这是元上都遗址出土的建筑构件，雕工精细，由此可见元上都昔日的辉煌。

元统一中国

忽必烈在稳定了北方的政局以后，继续攻宋。1273年，元军攻占襄、樊二城。1274年，又相继攻陷宋沿江之鄂、黄、蕲、江诸州。1276年，元将伯颜率军攻入临安，俘宋恭帝。1279年，元朝攻灭南宋小朝廷，南宋灭亡。元朝的统一，结束了唐后期藩镇割据以来国内几个民族政权长期并立的分裂局面，促进了我国统一的多民族国家的发展进程。

元朝的政治和民族制度

窝阔台任用耶律楚材定制规章制度,奠定了元朝的制度基础。忽必烈在中原汉族知识分子的参议下借鉴金朝制度,推行"汉法",同时又保留了一些能保障蒙古贵族特权的蒙古旧制,建立起一套中央集权的封建统治制度。元在中央设中书省、枢密院、御史台,在地方设行省制,实行民族压迫政策,对原来金朝、南宋和大理统治区域下的各族人民实行残酷的压迫统治。

耶律楚材定制

辽太祖九世孙耶律楚材在元太宗窝阔台时期受重用,于1231年任掌汉文字的必阇赤长,汉人称为中书令或中书侍郎。他创制了许多规章制度,大部分得到窝阔台的支持而在全国推行。主要有:定君臣礼,对大汗实行拜礼制;选拔儒生,命儒生随郡考试,通过者为儒户,有的儒户可被选为议事官等等。耶律楚材定制,对巩固元太宗的统治起到了一定的作用。

耶律楚材

蒙古妇女形象

元朝的中央机构

元建立后,元世祖在中央设中书省,领六部,掌管全国政务;枢密院掌兵;御史台掌监察。其中,中书省设中书令、左右丞相、平章政事、参知政事等官;枢密院设枢密使、枢密副使;御史台设御史大夫。此外,又设宣政院掌宗教和西藏地区之军事、民政,在今西藏地区委派官吏,驻扎军队,征收赋税。另设大宗正府掌诸王、驸马、色目人的事务;设通政院掌驿站;设崇福司管基督教徒等。

元朝的地方机构

元世祖在地方设立行中书省,简称行省。行省设丞相一人,掌管全省军政。当时除河北、山东、山西直属中书省,称为"腹里",西藏属宣政院外,其他地方划分为岭北、辽阳、河南、陕西、四川、云南等十个行省。元政府还在澎湖设立了巡检司,管辖台湾和澎湖。行省制度的设置,有利于加强中央集权,对后世产生了深远的影响。

达鲁花赤之印
达鲁花赤是元代地方官名。

元代官俑

元朝的军事制度

　　元朝的军队由四部分构成：蒙古军，其中包括一部分色目人；探马赤军，最初指从蒙古诸部抽出精锐组成的前锋、重役或远戍部队，后来也有色目人和汉人参加；汉军，原金统治区汉人组成的部队及早期收编的南宋降军；新附军，系灭南宋前后改编的宋军。元中央设枢密院为最高统兵机构。

元军头盔

元朝的户籍制度

　　元政府把全国人户分成民户、军户、站户、匠户、盐户、医户、儒户、僧、道、也里可温（基督教徒和教士）等"诸色人口"，并规定不同人户有不同的封建义务和隶属系统。元代有明确的良民和贱民之分，"驱口"是贱民的一种，主要被用于家内服役，其中一部分从事农业、畜牧业和手工业生产。他们在元代社会地位最低，是所有者的私有财产，其子女仍归主人所有。

蒙古军百户印

元朝的法律

　　元朝的法制主要由因时因事而陆续颁发的各种单行法构成。判狱量刑根据已有案例类推比附，有较大的随意性。1323年刊行的《大元通制》，汇辑了制诏、条格、断例等有关法令文书，具有法典的性质。元代法律明确规定蒙古、色目、汉人和南人的地位不平等，具有显著的民族歧视压迫性质。元代法律中又有许多维护地主阶级利益的规定，如地主打死佃客，仅"例断一百七下"，反映了其封建专制性。

元朝的民族压迫政策

　　元统治者实行民族压迫政策，把全国各族人民分为四个等级：蒙古人，色目人（西北各族、西域以至欧洲各族），汉人（指金统治区的汉、契丹、女真等），南人（南宋统治区的汉人和西南各族）。蒙古贵族最为高贵，享有许多特权；色目人是蒙古贵族统治人民的主要帮手；汉人中少数官僚地主被笼络利用，而其余汉人处于被奴役的地位；南人处于最末等，其地位不如汉人。

天王脚踏汉族妇女像
石刻上佛教里的天王在踩踏一名汉族妇女，由此可见元朝汉人的地位十分低下。

色目人俑

等级差别

　　元朝等级的差别表现在政治、经济、军事各方面。在政治上，高官、实权都由蒙古、色目人掌握，汉人只能做副手；经济上，蒙古人受优待，征赋时可免征，色目人征三分之一，汉人、南人全征；军事上，蒙古军为主力，军权操纵在蒙古将领手中；法律上，规定各族之间的地位不平等，如汉人、南人杀了蒙古、色目人要处死，蒙古人杀了汉人、南人却不须偿命。

元朝中后期的危机与改革

忽必烈之后，经成宗、武宗、仁宗，到英宗前，元统治日益腐败，财政开始大量亏空。为改革弊政，英宗实行新政，但不久便遇刺丧身。其后泰定帝赐予益奢，吏治更加腐败。文宗虽有所建树，但此时元朝国势衰微，危机急剧加深。顺帝即位后，虽有脱脱"更化"，政治一度比较清明，但元朝统治的衰落趋势已不可挽回。

元成宗

英宗新政

1320年，元仁宗病死，其子硕德八剌即位，是为英宗。鉴于元朝中期政治、经济各种积弊日益加深，英宗决心励精图治，实行新政。其主要内容有：起用汉族官僚及儒臣，罢汰冗员，行助役法，颁行《大元通制》等。新政触犯了一部分蒙古、色目贵族的利益，至治三年（1323年），御史大夫铁失等发动南坡之变，英宗遇难，新政即被废弃。英宗新政从至治二年十月至次年八月，仅实行了十个月，即以失败告终。

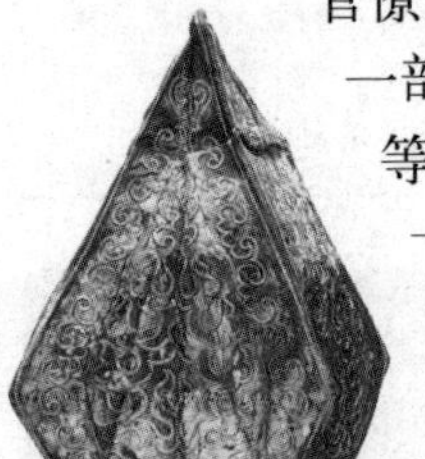

龙首玉带钩

元朝后期的皇位更迭

1323年，英宗被刺，晋王也孙铁木儿即位，是为泰定帝。1328年，泰定帝病死，其子阿速吉八即位于上都，史称天顺帝。留守大都的佥枢密院事燕铁木儿发动政变，立武宗之子图帖睦尔为帝，是为文宗。两都之争开始。十月，上都陷落，天顺帝被俘。后文宗让位给其兄长和世㻋，和世㻋即明宗。天历二年（1329年）八月，明宗暴毙。九月，文宗再即帝位，于1332年病逝。十月，明宗次子懿璘质班即位，年仅7岁，是为宁宗，但他在位53天后即去世。宁宗死后，元王朝开始步入其统治的晚期。

蒙古僧帽
内蒙古地区出土，是佛教在草原上流行的反映。

元仁宗

南坡之变
英宗推行新政，引起蒙古、色目贵族中保守派的不满。至治三年八月，英宗自上都南还大都，途中驻跸于南坡。御史大夫铁失、知枢密院事也先帖木儿等趁英宗熟睡之机，发动政变，杀死英宗和丞相拜住，此即"南坡政变"。九月，被铁失一伙选作拥立对象的晋王也孙铁木儿于龙居河称帝，即泰定帝。不久泰定帝尽杀铁失一党。

文宗文治

天历二年八月，武宗次子图帖睦尔与燕铁木儿合谋毒死明宗后即位，是为文宗。此时，元朝统治已是危机四伏。为缓和阶级和民族矛盾，文宗实行文治。主要内容有：任用儒臣；建奎章阁；编修《经世大典》；尊儒崇佛，大力提倡理学的纲常节孝等，使儒学在蒙古、色目人中得以进一步发扬。文宗所提倡的文化治国策略影响深远。

元武宗

奎章阁之设

天历二年（1329年）二月，文宗设奎章阁，其目的是为皇帝"考帝王之治"，即给议政、监察等提供意见。文宗对此十分重视，使其与翰林院、集贤院地位几乎平等，达到正二品。奎章阁设授经郎两员，为勋旧、贵族子弟讲授经学；设艺文监，检校书籍。奎章阁成为宫廷教育、文化艺术和议事的机构，为元朝后期训练和培育了不少人才，还收集并保存了许多典籍和珍贵书画。

元代青花釉里红盖罐

元朝中后期的社会危机

元朝中后期，皇室内部互相倾轧，统治集团骄奢淫逸，官僚贪污刻剥成风。武宗时，政府年收入钞280万锭，他即位不到一年，就用了820余万锭。官吏勒索，花样百出，"所属始参曰拜见钱，无事白要曰撒花钱，逢节曰追节钱，生辰曰生日钱，管事而索曰常例钱，送迎曰人情钱，勾追曰赍发钱，论诉曰公事钱"。此外，政府变更钞法，滥发纸币，造成物价飞涨，社会经济陷入了严重危机。

伯颜擅权

宁宗死后，顺帝即位。1333年，知枢密院事伯颜因拥戴顺帝即位有功，被拜为中书右丞相，封秦王。1335年，伯颜诛杀燕铁木儿子唐其势、塔剌海，鸩杀皇后伯牙吾氏，势焰熏灼。伯颜专权自恣，将诸卫精兵收为己用；任意挥霍府库钱财，制造冤假错案；甚至下令停止科举。1340年，顺帝支持御史大夫脱脱用计逐走伯颜。伯颜旋病死。

伯颜

元代烧制的钧窑香炉

脱脱更化

伯颜死后，顺帝任命脱脱为右丞相。脱脱废伯颜旧政，革新制度，史称"更化"。主要内容有：恢复科举进士制；为伯颜时蒙冤的官员平反昭雪；大兴国子监；开马禁，减盐额，蠲负逋；修辽、金、宋三史；修《至正新格》。脱脱在位四年，着力纠正伯颜旧政，开展文治新政，颇有成效地缓和了社会矛盾。至正四年（1344年），脱脱以疾辞相，八年复相，但此时元已病入膏肓，脱脱也无计可施。

元朝的灭亡

元朝末期阶级矛盾十分尖锐,农民被迫起义。韩山童、刘福通、徐寿辉等一批农民起义领袖先后牺牲,陈友谅、张士诚等割据势力相继失败。朱元璋后来居上,削平群雄,于1368年率军攻入元大都,推翻了元朝统治,元朝灭亡。

元代卢沟运筏图
图中展现的是元代社会的生活画卷,有钱人骑着高头大马,耀武扬威,而劳苦大众不得不为生活而辛勤奔波。

元宫大宴图
元朝统治者的骄奢淫逸和残酷统治必将使阶级矛盾越来越尖锐而难以调和。

至正变钞

元顺帝即位后,国库入不敷出,为改变这种状况,至正十年(1350年)十一月,元顺帝下令变更钞法,于次年开始铸造"至正通宝钱",印造"至正交钞",令民间通用。具体做法是:发行"至正交钞",使它与先前的"至元宝钞"并行通用,但价值比"至元宝钞"至少高一倍。且政府每日印制,用滥发新钞的办法来搜括民间的旧钞。又发行"至正通宝钱",与历代旧币通行。这导致钱钞最后都失去信用,物价飞涨。"变钞"加剧了元末的社会矛盾。

元末的阶级矛盾

元朝末年,黄河泛滥,政府迫使十五万民工修河,死者枕藉;政府变更钞法,造成物价增长十倍;全国各地又接连出现水旱蝗灾,受灾地区遍及河北、河南、山东、江浙等南北各地,人民已迫近死亡的边缘。天灾人祸接连不断,使得阶级矛盾迅速激化,农民大起义终于爆发。

元代《人马图》局部

韩山童、刘福通起义

至正十一年(1351年)五月,北方白莲教主韩山童及其徒弟刘福通决定发动武装起义,但地方官发觉了起义的预谋,捕杀了韩山童。五月初三,刘福通起兵,攻克颍州(今安徽阜阳),因起义军以头裹红巾为标志,故称"红巾军";又多为白莲教徒,烧香拜佛,又称"香军"。起义军乘胜连克数州,众至十万。十五年,刘福通在亳州立韩山童之子韩林儿为帝,建立宋政权。后三路北伐。二十一年,被元军镇压。二十二年,起义失败。

元军使用过的铜火铳

张士诚起义

至正十三年正月，盐贩张士诚招纳盐丁，起兵反元，攻下泰州。五月，攻下高邮，次年正月在此自称诚王，国号大周。十七年，张士诚被迫降元，受封为太尉，并继续与朱元璋争夺地盘。北方红巾军失败后，张士诚乘朱元璋主力与陈友谅大战之际，迅速扩展地盘，拥兵数十万。二十六年，朱元璋遣徐达、常遇春率军二十万攻张士诚。次年九月，朱元璋军破平江，张士诚被俘。

张士诚占领苏州时，轻徭薄赋，至今苏州人还经常举行一些活动纪念他。

陈友谅称帝建汉

至正二十年五月，湖北沔阳人陈友谅灭红巾军所建政权天完，于江州(今江西九江)建国大汉，自称汉王。随即引兵东下，攻朱元璋。朱元璋用计大败友谅。次年，朱元璋军取江州，陈友谅退都武昌。至正二十三年三月，陈友谅率六十万大军围南昌。朱元璋守将朱文正坚守八十五天。七月，朱元璋亲率二十万大军来援。两军于鄱阳湖大战，陈友谅战死。此役中，朱元璋失将三十六人，士兵及战舰损失严重，陈友谅则全军覆没。至正二十四年，朱元璋亲征武昌，陈友谅之子陈理降，大汉亡。

陈友谅墓

朱元璋建政权揽儒生

元末，濠州钟离县（今安徽凤阳东）人朱元璋投奔红巾军，不一年即自成一军，渐有夺天下之大志。至正十六年，朱元璋改集庆（今江苏南京）路为应天府，建立应天政权。二十四年，朱元璋即吴王位。朱元璋对知识分子思贤若渴，大批儒士前来投奔，元璋对他们均予以重用。朱元璋延揽儒士，对壮大队伍，巩固和建设政权，逐渐向封建转化，起到了重大作用。

朱元璋即吴王位

徐达

元朝灭亡

至正二十七年（1367年）十月，朱元璋派徐达、常遇春率军二十五万北伐。在发布的讨元檄文中，朱元璋提出"驱逐胡虏，恢复中华"的口号，同时又表示，蒙古、色目人"愿为臣民者，与中华之人抚养无异"。洪武元年（1368年）七月底，元顺帝逃往上都。八月初，明军进入大都，元朝灭亡。

元朝的宗教与艺术

元代社会是一个多元化的社会，宗教、文化的多元化尤为明显。元政府对宗教采取宽容政策，藏传佛教成为国教，基督教得到广泛传播。元曲产生，出现了一批著名的元曲创作者。书画艺术也有新的发展。赵孟頫创造了"赵体"这一书法新体，绘画上也自成清腴华润的新风格。

元朝景教碑顶石
景教即基督教的聂斯脱里派。

基督教盛行

基督教于唐初传入中国。蒙古西征时，大批东欧、西亚的基督教徒来到中国。元初仅大都一地，就有也里可温（基督教徒和教士）三万多人。镇江一地，建有大兴国、云山等八所基督教聂思脱里教派的寺院；扬州、杭州、辽东、昆明等地都有寺院或也里可温。也里可温与佛、道、答失蛮（伊斯兰教士）、儒户一样，优免差发徭役。

藏传佛教的兴起

藏传佛教又称喇嘛教，是佛教与西藏地区原有宗教相结合的产物。它以密宗为"圣教之精髓"，吸收了很多苯教的神祇，崇尚秘密法术。忽必烈即汗位后，封藏传佛教萨迦派教主八思巴为"帝师"，藏传佛教遂成为元朝的官方宗教，得以在全国传播。这加强了中央与西藏之间的联系，巩固了藏族的统一。

七尊贴金悬鱼锦幡法舍利塔

欢喜佛图
藏传佛教深受元朝皇室的崇奉。欢喜佛是藏传佛教密宗的本尊之一。

元曲的盛行

元曲是元代文学艺术的代表，是杂剧和散曲的合称。杂剧在宋杂剧、金院本和诸宫调的基础上，融歌舞艺术和说唱伎乐发展而成。散曲源于民间小曲和少数民族音乐。关汉卿、白朴、马致远、郑光祖四位元曲作家代表了元代不同时期、不同流派的元曲创作成就，被后人称为"元曲四大家"。

元代杂剧壁画

[第八章]

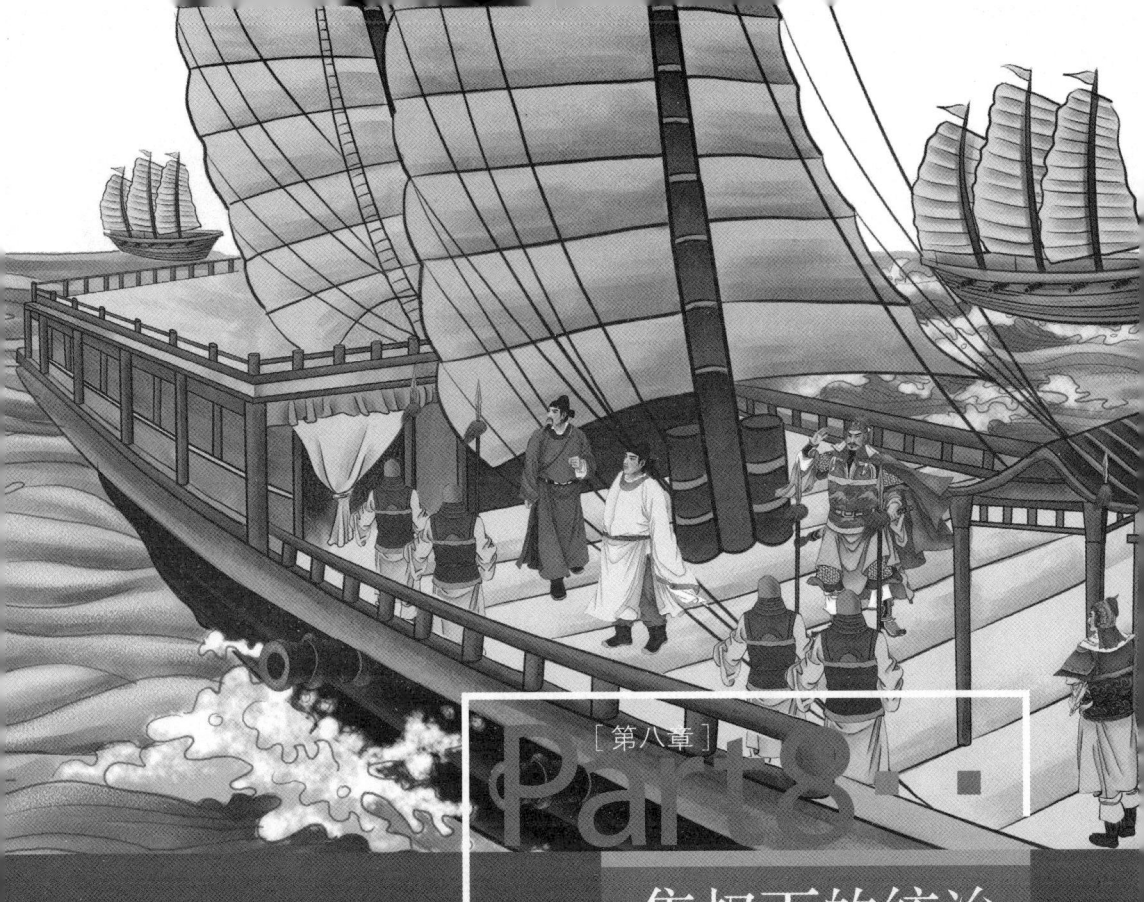

Part 8

集权下的统治

明　公元1368年～公元1644年

　　1368年，朱元璋在南京称帝，建立明政权。不久，明兴师北伐，灭亡元朝。明统治者为强化中央集权，废行中书省，罢丞相，设厂卫特务机构，实行恐怖统治。在文化上，大兴文字狱，推行八股取士，实行文化专制。明朝后期，统治阶级内部纷争不断，各地农民起义风起云涌，女真贵族乘机在东北起兵。1644年，李自成率农民起义军攻入北京，明朝灭亡。明朝时，文化继续发展，对外交往十分频繁，郑和七下西洋，促进了我国和亚非各国的友好关系。同时，随着西方传教士东来，中西文化交融日益加强。

明朝建立

元末，朱元璋率军多次大败元军，建立起以应天为中心的根据地。1367年，朱元璋遣大将徐达等率军北伐。1368年，朱元璋称帝，国号大明，建元洪武，明朝建立。北伐军于洪武元年八月攻占元大都，元朝灭亡。之后，朱元璋在刘基等人的辅佐下建立了一系列的制度。为巩固明王室的统治，他大封子孙为王；为加强对辽东地区的控制，他设立了辽东都司。

《大明谱系》
《大明谱系》是用来记录皇室宗谱的典册。

朱元璋称帝

元末，朱元璋领导的反元队伍以应天(今江苏南京)为中心建立了根据地，陆续消灭了陈友谅、张士诚、方国珍等割据势力。至正二十七年(1367年)十月，朱元璋命大将徐达率师北伐，元朝的灭亡成为定局。次年正月初四日，朱元璋祀天地于南郊，即皇帝位，国号大明，建元洪武，以应天为京师，明朝自此始。朱元璋是为明太祖。

建都之议

洪武元年(1368年)，朱元璋以应天为南京。定都应天的主要原因是：天下财富多出于东南，而应天则为财富汇集之地。同时，应天有朱元璋为吴王时所奠定的宫阙基础；而开国元勋又多为江淮子弟，不愿轻去其乡。但此后，明廷对建都之事多有争论。十一年，朱元璋下诏改南京为京师。至此，建都地点才得以确定。但为控制北部边防，朱元璋仍时有迁都之念。直到洪武末年，建都问题仍是明廷的重要议题。永乐迁都北京后，这一争议才停息。

明太祖朱元璋

玄武湖
朱元璋定都南京后，将玄武湖做为了东北城墙外的护城河。

洪武建制

明太祖朱元璋为巩固统治，大力加强皇权。在中央废中书省和丞相，改设六部，六部尚书直接听命于皇帝；在地方废行中书省，设承宣布政使司、提刑按察使司、都指挥使司，分掌地方民政、财政、刑法、军事，均直属中央；创立卫所制度，于全国军事重地设卫，次要地方设所，统于各地都指挥使司。这一系列措施，强化了皇权，大大加强了其专制统治。

明代皇帝的金冠帽
以金丝编成的冠帽孔眼匀称，制作非常精细。皇帝在日常场合穿戴。

刘基辅政

刘基，字伯温，浙江青田人。元末进士，足智多谋，曾任元江浙行省都事。元朝至正二十年(1360年)刘基入朱元璋部，为之筹划用兵次第，参与机要，多有功劳。明朝建立后，任御史中丞兼太史令，封诚意伯。明太祖曾以丞相人选询问刘基，刘基认为胡惟庸不足当，胡惟庸怨甚。其后胡惟庸挟嫌令人诬告刘基谋私。太祖遂夺刘基俸禄。未几，胡惟庸为相，刘基忧愤成疾，乞请辞归。洪武八年(1375年)三月，帝亲制文赐刘基，遣使护归，居一月而卒，年65岁。

刘伯温

徐达北伐

至正二十七年十月十一日，朱元璋命徐达为征虏大将军，常遇春为副将军，率军二十五万，北伐中原。朱元璋在战前颁布了北伐檄文，揭露元朝的腐朽统治，宣称北伐的目的是为了"拯生民于涂炭"，鼓动了各个阶层参加反元斗争，减少了北伐的阻力。明军出师后一路势如破竹。次年徐达连下德州、通州等地，兵锋直指大都。闰七月，元顺帝逃往上都(今内蒙古正蓝旗东闪电河北岸)。八月初二日，北伐军进入大都，元朝灭亡。

分封诸王

朱元璋为巩固边防，翼卫王室，从1370年开始陆续将其24个儿子和1个从孙分封到全国各地为王，使其各有封爵，分镇诸地。分封于北方备边的诸王还被授以兵权，其中燕王朱棣可节制沿边兵马，势力最大。北边诸王长期在北筑城、屯田、训练兵马，实力强盛，逐渐造成尾大不掉之势，最终演成"靖难之役"。成祖夺位后，极力削藩，到宣宗时取消王府护卫，藩王之势大为削弱。

明《三才图会》中徐达像

太原之战

洪武元年，大将军徐达、副将军常遇春攻克元都，旋又率师进取山西，连克保定、中山、真定、怀庆、泽州、潞州、雄州、赵州等地。当时据守山西的元将为扩廓帖木儿。徐达以扩廓部将呼必勒玛为内应，遣五十骑伏城东。当夜，明将郭英率十余骑潜入敌营，举火鸣炮，伏兵应之。既而常遇春兵至，攻破敌营。扩廓仅率十余骑逃去。呼必勒玛以兵四万人，马四万匹降明，太原遂克。太原之战，扩廓主力丧失殆尽。明军乘势平定了山西全境。

设置辽东都司

辽东都指挥使司，简称辽东都司，是明朝统治辽东的最高军政机构。洪武四年二月，元辽阳行省平章刘益奉表归降，明廷遂在其地设置辽东卫指挥使司，以益为指挥同知。后益被杀，元右丞张良佐向明廷交出元所授印章等物并擒拿杀刘益者以献。于是，明廷封良佐为辽东卫指挥佥事。七月，明廷设辽东都指挥使司，以马云、叶旺为都指挥使，吴泉、冯祥为同知，总辖辽东诸卫兵马。马云等多次击败反抗之军，进抵辽东，练兵筑城，一方遂安。

皮弁
皮弁是皇帝和各级官员们在礼仪场合所戴的冠帽。

常遇春
常遇春是朱元璋的得力大将，一生为将未曾败北，人称为"天下奇男子"。

明初的中央集权制度

明朝建立后，太祖朱元璋及其后继者为加强中央集权，制定了一系列制度。明朝初年，太祖采用都督府和兵部相互节制的办法掌控军权，恢复科举取士制度，并规定考题必须严格遵循四书五经的内容，不能擅自发挥；废丞相后置殿阁大学士协助理政；为控制官民，太祖设立特务、监察机构；为震慑知识分子，大兴"文字狱"。

明太祖朱元璋墓石兽

朱元璋《教说大将军》（局部）

明初的军事制度

1368年，明太祖撤销统辖全国军队的大都督府，设前、后、左、右、中五军都督府，分领京师各卫所和京外各都司。都督府管理兵籍和军政，不能直接统率军队。兵部选拔军官，而军队的调遣和最高指挥权则在皇帝。打仗时，兵部秉承皇帝意旨，任命总兵将官，发给印信。战后，统兵官交还印信，士兵回归原来卫所。这种军事制度有效地防止了将军拥兵自重局面的出现，大大加强了皇帝对军权的控制。

科举制度的发展

洪武三年（1370年）五月，朱元璋颁发诏令，宣布恢复科举，并于八月设科取士。明代科举考试分文武二科，考试分乡试、会试和殿试。三年一大考，京师会试考中者有资格参加殿试。殿试由皇帝亲自把关，殿试及格而被录取的通称进士。凡考中进士者，即可授官。明朝的科举考试形式上成熟、规范，是一种进步。但宪宗后期开始实行的八股取士禁锢了人们的思想，实为一弊。

明代殿试答卷

《大明律》书影

法律制度的完善

1373年，明太祖朱元璋命令刑部尚书刘惟谦等人以《律令》为基础，详定《大明律》。1374年修成，颁行天下。《大明律》篇目仿《唐律》，分为吏、户、礼、兵、刑、工六律，共30卷，460条，量刑标准高于唐、宋、元各朝法典。《大明律》终明之世未再修订。

三司的设立

1376年，明太祖发现丞相和行中书省的权力过大，决心加以改革。他废行中书省，在全国陆续设置了13个承宣布政使司，置左右布政使各一个，主管一省民政和财政；另设置提刑按察使司管刑法，都指挥使司管军队。三者合称"三司"，互不统属，分别归中央有关部门管辖。布政使司之下又设府（直隶州）、县（州）二级地方政权权。

云纹花缎便服
明朝时官员们日常穿着的便服。

胡蓝之狱

丞相制度的废除

洪武十三年(1380年)，明太祖以谋反罪杀左丞相胡惟庸等人。十年后，以伙同胡惟庸谋反的罪名，赐太师李善长死，株连三万多人。二十六年，又以谋反罪杀凉国公蓝玉、列侯张翼等，株连一万五千多人。胡惟庸和蓝玉两案，史称"胡蓝之狱"，前后延续14年之久，元勋宿将被诛杀殆尽。"胡惟庸案"之后，丞相制度被废除。

初行内阁制度

朱元璋废除丞相后，集全国政务于一身，日理万机，应接不暇，不得不于1382年仿宋制，置殿阁大学士以备顾问。当时置有华盖殿大学士、武英殿大学士等，成为内阁之雏形。明成祖朱棣即位后，命侍读解缙、胡广等共理文渊阁预机务，从此内阁基本形成。内阁初置时，其权力并不太重，秩不过五品，既无官属，又无指挥六部之权。仁宗以后，阁职渐崇。英宗之后，阁权超越部权，内阁中首辅的地位日尊，权职相当于宰相。

李善长

明初文字狱

明太祖为加强皇权，常以文字疑误杀人。杭州府学教授徐一夔贺表云"光天之下，天生圣人，为世作则"。太祖以为"生"同"曾"，是讥其曾为僧人。"光"则是"削发"，"则"与"贼"同音，遂命斩徐一夔。浙江府学教授林元亮为人作《谢增俸表》，以表内有"作则垂宪"句见杀。桂林府学训导蒋质亦因同类事见诛。如此之事甚多。

特务机构的初现

1367年，朱元璋置拱卫司，洪武二年(1369年)改为亲军都尉府，十五年改为锦衣卫。锦衣卫下设经历司，掌文书出入；设镇抚司，掌侍卫、缉捕、刑狱、军匠之事。锦衣卫有不经法司而径行刑讯、判罪和行刑的权力，直接听命于皇帝，所以明代帝王皆以锦衣卫为爪牙，用以监视臣民。通过设立特务机构、监察机构，明朝的皇帝进一步加强了对官吏和百姓的控制。

锦衣卫木印

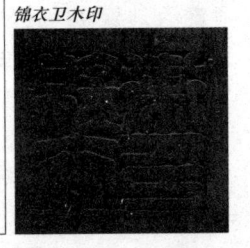

明初的边疆民族政策

明朝制订了一系列灵活的边疆政策,较好地维系了边疆的稳定和发展。在西南疆,明朝招降西藏的统治阶层人物,并设立了朵甘、乌斯藏二都司,委任当地上层人物,以藏制藏;对于云南地区则采用了改土归流政策,取得了较好的效果。明朝还设置行政机构加强了东北边疆的统治。在女真族居住地区则设置"建州三卫",加强了对女真胡里改、斡朵里部落的控制。

明代掐丝珐琅炉

牙雕白度母像

明对西藏的管理

明朝对西藏的行政管理,在元朝13万户府的基础上,增设俄力思军民元帅府,同时又承认以往西藏各宗(县)的建制以及元朝赐予的封号及任命的官职。西藏僧俗首领因而纷纷上缴元朝的旧印信,换取明朝赐予的新印,以取得统治的合法性。西藏宗教气氛浓厚,僧侣在当地享有崇高地位,明朝遂推行政教合一的"僧官制度",管理地方军政事务。之后为进一步加强对西藏地区的统治,明政府又在其地设置了朵甘、乌斯藏二都司。

设置朵甘、乌斯藏二都司

朵甘、乌斯藏二都司是明朝管理西南边疆的两个最高级地方行政机构。明代以前藏族分布地区为朵甘和乌斯藏。洪武二年(1369年),明廷遣使入藏,诏谕西藏上层人物,令其举元故官赴京师受职。于是,摄帝师喃加巴藏卜等于六年春来朝,并举故元所封官60人姓名。明廷遂置朵甘指挥使司与乌斯藏指挥使司及其下属各级官吏,并以所举之60人分任各级长官。次年,升朵甘、乌斯藏二卫为都指挥司,二都司皆隶于设在河州的西安行都指挥使司。

鎏金文殊菩萨像
明廷赏赐的鎏金铜佛像至今仍存于西藏的寺院中。

明代茶具

茶马贸易

中国古代中原地区以官府垄断的茶叶换取西藏青海地区的马匹,此谓之茶马贸易。这种贸易自唐宋以来行之已久,至明代,其制度更加完备。1372年,明廷立茶马司于秦(今甘肃秦安北)、洮(今甘肃临潭)诸州,让少数民族纳马易茶,并为此制定了一系列严格的制度。茶马贸易扩大了明朝的战马来源,加强了对青海、西藏各地区的管理和统治,故终明之世,茶马贸易之制一直相沿不变。

改土归流

1395年，云南越州土知州阿资因起兵反明被杀，明廷遂改越州知州为临时任命，有一定任期的流官。后来推而广之，将县级以上的二十家土司皆改为流官。鉴于大部分土司世袭累年，拥有当地的实际控制权，朝廷为保持当地稳定，采取灵活和局部的方法逐渐推行改革。例如个别地区的土司犯事，便革去其职位，顺势代以流官。又或者采取分袭的办法，取消大土司，代以若干小土司。这种政策加强了明廷对地方的控制。

身穿官服的明朝官员

东北边疆统治的加强

明成祖时，为加强对边疆的统治，明政府在不同的地域设立了最高地方行政机构。为加强对东北地区的管理，永乐元年（1403年），明政府派行人邢枢偕同知县张斌到奴儿干招谕，使吉烈迷等部落被招抚归附。永乐六年，明政府设置奴儿干都指挥使司，作为明政府管辖黑龙江、乌苏里江流域的地方最高行政机构。明成祖采取的这些措施加强和巩固了明朝的边疆统治。

奴儿干都司的设置

明朝建立后，积极经营东北地区。永乐元年到七年，明廷多次遣官员招抚东北各部，各部相继归附。永乐七年，明成祖下令在东北地区设置奴儿干都指挥使司。使司管辖范围，西起鄂嫩河，东至库页岛，南濒日本海，北抵外兴安岭，下属184卫，20所。奴儿干都司是明朝管辖黑龙江、乌苏里江流域的最高一级军政合一的机构。它的设立，大大加强了东北边疆地区与内地的政治、经济文化联系。

明朝军官复原图

明代花鸟纹瓶

明代修建的城堡关隘

设置建州三卫

建州卫、建州左卫、建州右卫总称为建州三卫，是明朝在建州女真胡里改、斡朵里二部中设置的管理机构。明初，胡里改、斡朵里二部分布在松花江与牡丹江汇流处的依兰一带地方，后来经过辗转迁徙，1440年聚结于苏子河流域（今辽宁新宾）。在其南迁的过程中，明朝陆续设置了建州三卫：1403年，置建州卫，管理胡里改部，以该部首领阿哈出为指挥使；1412年设建州左卫，管理斡朵里，以该部首领猛哥帖木儿为指挥使；1437年，猛哥帖木儿死，1442年，明廷增设建州右卫，令猛哥帖木儿二子分领其众。明中期以后，三卫女真的经济文化都有较快的发展，构成满洲族的核心力量。

永乐称制

明建文帝执政时，采取削藩的措施，激起诸藩反抗。燕王朱棣发动"靖难之役"，结果建文军大败，燕王遂夺得皇位，是为明成祖。朱棣即位后，大力打击建文帝遗臣。朱棣命建文朝名臣方孝儒为其拟登基诏，孝儒宁死不从，朱棣遂灭其十祖。后来朱棣又多兴大狱，建文遗臣被杀戮殆尽。朱棣为制止蒙古贵族势力的南下侵扰，先后五次远征大漠，屡次大破之，蒙元旧部贵族遂不敢轻易南向。

明代皇帝龙椅

建文帝登基

洪武三十一年（1398年）闰五月，明太祖朱元璋去世，时年71岁。因长子朱标数年前已病故，故遗诏皇太孙朱允炆即皇帝位。当月，新皇帝即位，改年号建文，史称建文帝，以第二年为建文元年。建文帝陆续变更太祖朝之国策，包括：宽大为政；并州县，裁冗官，更定官制；减免田税粮；放还单丁军户为民等。

明藩王金冠

建文削藩

明初，明太祖分封诸子为王。当时，故元残部屡扰北边，宁、晋、燕诸王经常率领将士出征，由此造成北边诸王兵力日益强盛。建文帝即位后，诸王以叔父之尊拥重兵，不利中央统治，且多不法，户部侍郎卓敬建议裁抑宗藩。建文元年（1399年），有人告周王有违法之行为，牵连代王诸府。建文帝派兵袭执周王，废周王为庶人，幽禁代王于大同。十一月，代王又因贪婪暴虐被建文帝流放至蜀地。其后建文帝削夺岷王护卫，将他废为庶人。不久，湘王遭到逮捕，自焚而死。齐王、代王也先后被废。五王皆废，诸藩震恐。

靖难之役

建文帝废黜周、齐、湘、代、岷五王后，燕王朱棣大受震动，为维护已有权力并进而夺取皇位，遂练兵聚粮，为起兵做准备。建文元年，燕王起师北平，以"清君侧"为名，称其师为"靖难"。故史称这次战争为"靖难之役"。战争开始后，燕军多次大败建文军。建文三年，朱棣率军南下，南京陷落，建文帝自焚于宫中。燕王朱棣在南京称帝，改元永乐，是为明成祖。

明成祖
燕王朱棣起兵成功，夺得帝位，改元永乐。

燕兵入京

建文三年二月，燕王朱棣率兵出北平（今北京），并一路南下，先后攻破东阿、汶上、邹城等地，又于灵璧大败总兵何福。燕军士气大震，直趋扬州。六月初三日，自瓜洲渡江，于高资港败明将盛庸。十三日，进抵金川门。守金川门的将领李景隆与谷王惠开门纳燕兵。老将徐辉祖力战不敌，京师遂破。燕王于京师即皇帝位。

方孝孺殉难

方孝孺，时人视之为"天下读书种子"，为建文帝股肱之臣。建文四年六月，燕军入京师，囚文学博士方孝孺于狱。燕王欲使孝孺草登基诏，孝孺掷笔于地，且哭且骂"死即死耳，诏不可草"。燕王怒，命磔孝孺于市。孝孺作绝命词一章，慨然就死，时年46岁。其妻郑氏及二子中宪、中愈自缢而死，二女投秦淮河死。宗族亲友门生前后坐诛者达873人。神宗初年，诏褒录建文忠臣，于南京建表忠祠，纪念方孝孺等人。

明彩釉武士瓷像

明成祖亲征漠北

方孝孺

瓜蔓抄

瓜蔓抄是明成祖朱棣夺位后，诛戮建文诸臣的手段。因其残酷诛戮，妄引株连，如瓜蔓之伸延，故名瓜蔓抄。1402年，朱棣攻占南京后，左佥都御史景清行刺未遂，朱棣下令夷其九族，尽掘其先人冢墓。又抄其乡，致使其村为墟。后来也泛指朱棣穷治忠于建文帝诸臣之举。如方孝孺因拒绝给朱棣草拟登基诏书被灭十族，连坐者达873人，杀戮之惨，株连之多，实为历史所罕见。

永乐北伐

元亡以后，其残余势力退往塞外，不时南下骚扰。明成祖为消除边患，采取积极防御措施，五次出征漠北。永乐八年（1410年）三月，成祖亲率明军五十万北征。五月，明军大败鞑靼可汗本雅失里。六月，明军又于静虏镇大破鞑靼知院阿鲁台。是年冬，阿鲁台被迫贡马臣服。此为成祖第一次北征。十一年十一月，瓦剌顺宁王马哈木兵渡饮马河，将兵南犯。次年二月，成祖率军征瓦剌，斩瓦剌王子十余人，部众数千级。马哈木北循，不久，遣使贡马谢罪。此为第二次北征。此后，明祖又于十九年、二十一年、二十二年分别击退蒙古贵族的侵犯。在第五次亲征归途中，成祖病逝。其后蒙古贵族二十多年不敢南侵。

永乐大钟
它是中国已发现的最大的青铜钟，铸成于明永乐年间，该钟也是世界上著名的大钟。

明初繁荣的外交

元时忽必烈曾发兵攻伐日本，日本遂与中国断交。明朝建立后，太祖遣赵秩出使日本，两国恢复了邦交关系。明成祖时期，日本的对马捕倭行动使中日关系得到改善。明朝采用勘合形式与日本贸易，促进了两国的商贸往来。明成祖时国力强盛，成祖为炫耀国威、发展贸易，遂派郑和七下西洋。当时明朝与中亚诸国的关系也甚为密切。

明

洪武朝	永乐朝
朝鲜 安南	古里 满剌加
暹罗 琉球	苏门答腊 婆罗
占城 真腊	小葛兰 阿鲁
日本 爪哇	柯葛剌 锡兰山
琐里 西洋琐里	麻林 苏禄
三佛齐 渤泥	
百花 彭亨	
淡巴	

外邦朝贡表

汤和筑城备倭

明朝建立之初，沿海地区不时遭到倭寇的侵袭。太祖初欲通过外交途径解决这个问题，但收效甚微。明廷遂遣将造船筑城，加强海防。洪武十七年(1384年)，信国公汤和奉命巡视浙东、浙西，整饬海防。他选壮丁3.5万余人沿海岸线筑城池59座，一年后竣工。随即组建了一支5.8万余人的军队，分戍诸城。次年，又在福建沿海筑城。至此，浙闽海防大饬，倭寇不敢随意肆虐。

赵秩出使日本

元初，忽必烈曾发兵征讨日本。于是终元之世，日本不与中国通好。1370年，明太祖遣莱州府同知赵秩赴日，欲修好两国关系。赵秩至日本，日本王良怀对他心怀疑虑。赵秩详细解释明朝对外政策，再三说明绝无袭击日本的意图，良怀方释疑虑。不久，良怀遣僧人祖来随赵秩向明政府进表笺。次年，明遣僧人祖阐、克勒等八人送日使归国。此后，明朝与日本建立起邦交关系。

日本武士铠甲

日本对马捕倭

洪武初，明太祖朱元璋数遣使赴日本，使两国一度断绝的邦交得以恢复。洪武后期，如瑶诈贡（明初日本发兵密谋帮助胡惟庸发动叛乱的事件）事败露之后，太祖乃断绝与日本的往来。成祖朱棣即位后，日本复遣使朝贡。1413年，日本对马、台岐诸岛海盗俘掠明朝滨海居民，日本王应成祖的要求捕盗，将所擒魁首20人于翌年献给明朝，且修贡。此后数年，中日关系有所改善。

古老的明城墙
这些城墙是用来保护城池免受外敌侵扰的防御工程。

中日勘合贸易

明代中日两国贸易迅速发展。永乐时，明廷为防止倭寇冒充日本国使与贸易使，保证正常贸易的进行，实行勘合贸易制。所谓勘合即是执照，由明廷发给日本的贸易勘合，每道皆有两扇，一扇留明，一扇送日。当时日本输出的主要货物是硫黄、苏木、刀剑等，明朝输出的则多为丝绸、布帛、陶瓷器等。两国贸易往来对沟通两国文化、丰富人民的物质生活起着积极作用。

日本铜镜

郑和下西洋

成祖即位后，为了宣扬国威、扩展贸易，派三保太监郑和率庞大的船队下西洋。自1405年到1433年，郑和前后下西洋达七次，最远曾抵达非洲东南岸。郑和所到之处，随船带去中国的丝、茶、漆、瓷等物，换回各国奇珍异宝，促进了海外贸易的发展，也推动了中国商品经济和手工业生产的发展，加强了中外交流。郑和也因此成为世界航海史上最伟大的航海家之一。

郑和宝船
这是郑和宝船的复原模型，宝船船型的设计体现了先进的造船技术。

傅安使西域

1394年，帖木儿帝国向明朝贡马，且致国书。次年，明遣兵科给事中傅安率使团往报。但当傅安等抵达其国都撒马尔罕时，帖木儿已决意进攻大明，于是扣留傅安等，且百计诱之使降。傅安被扣留13年，一直拒绝投降，维护明廷尊严。后帖木儿死，其孙哈里嗣位，他欲与明修好，遂于1407年送傅安归，并贡方物。傅安回明后，又多次出使哈烈（今阿富汗）等中亚国家，为促进明与中亚各国的交往做出了贡献。

明代文官形象

明朝与东南亚关系的加强

永乐年间，明与东南亚各国的关系加强。各国纷纷遣使来朝拜谒成祖，有些国王甚至亲自来华朝拜。永乐十七年(1419年)八月，苏禄（今菲律宾棉兰老岛）国王率其亲属及官员，带着礼物来华朝见大明皇帝。明成祖给予厚待。九月，苏禄王在南归途中病逝于德州。成祖命令按照王礼祭葬，并在德州为其营建了壮观的陵墓。其后，苏禄国两度遣使来中国朝贡，为当时两国的友好关系史写下了不朽的篇章。

苏禄王墓文臣像

明朝与蒙古的关系

明朝建立后,元朝的残余势力仍很强大,蒙古分裂为鞑靼、瓦剌、兀良哈三部,其中瓦剌最强。成祖时,瓦剌被明朝招降。之后瓦剌部首领也先势力逐渐强大,于1451年统一了蒙古。不久,也先与明交恶,在"土木堡之变"中大败明军。但后来蒙古首领俺答汗又交好明朝,与明朝维持了数十年和平关系。

居庸关长城
八达岭是关内到关外的必经路段,这段筑于崇山峻岭之上的长城,其关隘是有名的居庸关,是从河北平原进入北方草原的要塞。

蒙古贵族建立北元

洪武元年(1368年),明军攻入元大都,元顺帝北遁,次年死于应昌(今内蒙古克什克腾旗以西达来诺尔附近)。其子爱猷识礼达腊嗣位,率残部退至和林(今蒙古乌兰巴托西南)一带,称毕里克图可汗,年号宣光,国号仍称大元,史称"北元"。其疆域包括东至海,西至阿尔泰山,北抵额尔齐斯河及叶尼塞河上游,南至长城的广大地区。1402年,在明朝的猛烈打击下,北元最终灭亡。

鏊耳金杯
这是蒙古贵族的用品。

瓦剌三部受封

元朝灭亡后,蒙古余部瓦剌又分为三部,分别由马哈木、太平和把秃孛罗三酋长统率。明成祖即位初,遣使告谕瓦剌三部。1403年,瓦剌三部来朝,贡马并请求册封,次年,明朝廷封马哈木为特进金紫光禄大夫顺宁王,太平为特进金紫光禄大夫贤义王,把秃孛罗为特进金紫光禄大夫安乐王,西北边疆与中原地区联系加强。其后三部势力渐强,对明朝多所要挟。15世纪中叶,马哈木之孙也先叛明割据,成为明中期以后最大的边患之一。

乌纱折上巾
明朝文官所佩戴的官帽俗称"乌纱"。

也先统一蒙古

也先是明代蒙古瓦剌部首领。1439年,也先继其父脱欢位,称太师淮王,之后开始大规模地向四周发展。他先用武力控制了西北的罕东、沙州诸卫,继而向东于1447年攻占了兀良哈三卫地区,后来又先后控制了明朝在东北所设的蒙古、女真诸卫。至此,漠南、漠北和漠西基本上被也先征服。也先最终统一了蒙古各部,自立为可汗,称"大元田盛(天圣)大可汗"。

蒙古族的房舍——蒙古包

土木堡之变

正统十四年(1449年)二月，也先与明朝关系恶化。七月，也先南侵，大同守军出战失利，塞外的城堡大多陷落。明英宗受太监王振怂恿，决定亲征。大军行至土木堡时被瓦剌军队包围，旋即溃败。英宗与亲军突围不成被瓦剌俘获，王振也死于乱军之中，骡马辎重尽入敌手。土木堡之变的消息很快传到北京，英宗之弟朱祁钰受太后之命监国，与于谦等准备抵御瓦剌进犯。后来朱祁钰即皇位，是为景帝。土木堡之变是明朝中后期边防危机与国势衰微的转折点。

嘉峪关

蒙古三娘子

三娘子，又名也儿克兔哈屯，土默特部人。初配鞑靼部俺答汗为妻，深受器重，事无巨细，均参与裁决。时俺答势力颇盛，占有河套地区，屡犯内地，蒙汉之间战事频繁。三娘子力主蒙汉通好。俺答在其影响下于隆庆五年(1571年)接受明朝所封顺义王封号，与明通好，开贡市。三娘子亦被封为忠顺夫人。俺答汗死后，她又以蒙古习俗嫁两任顺义王，亦被明封为忠顺夫人。三娘子在其参政四十余年中力主汉蒙和平，使明朝北方得到安宁。三娘子因而深得蒙汉两族人民的称赞。

三娘子

河套之患

也先死后，瓦剌部逐渐衰弱，鞑靼部从此强盛起来。明英宗天顺年间，鞑靼部首领阿罗出率部潜入河套。1465年，孛来等也率部进入河套地区。之后又有其他鞑靼部入居河套。蒙古军事力量自占领河套地区后，遂于当地驻扎下来，从此，河套就成为其骚扰内地的一个主要基地，而"套寇"也就成为明朝中期的主要边患。他们岁岁深入明朝边地，杀掠人畜。但当时的明朝廷软弱无能，不能收复河套。直到1517年，"俺答封贡"后，明朝与蒙古的关系才趋向缓和。

蒙古俑

俺答汗受封

嘉靖年间，蒙古鞑靼部首领俺答汗屡次率军犯内地。嘉靖末隆庆初，俺答兵至，常遭抵抗，结果往往两败俱伤。1570年，明以俺答之孙把汉那吉降明为契机，与蒙和谈。次年明封俺答为顺义王，议定通贡互市条款。此后，明蒙和好数十年。1576年，俺答汗赴青海会见西藏达赖喇嘛索南嘉措，并与之结好。十月，俺答汗在蒙古草原上建成寺院及呼和浩特城，明廷赐名"归化"。1577年，俺答汗又在青海察布齐雅勒建成寺院，明廷赐寺名为"仰华"。蒙古俺答汗通贡讲和后，达赖喇嘛亦遣使通贡请求封赏，进一步密切了明朝中央与藏族地区的联系。

于谦

明珐琅僧帽壶
僧帽壶是藏传佛教僧人的用器，此珐琅器制作精美，具宫廷风格。

明朝的军事建设

明朝建立后，明太祖在军事上采用卫所制度，建立了强大的军队。成祖时，全国军队人数达到了280万。元朝余部不时南下扰掠，明朝为此大筑长城，明世宗时更是在长城沿线设立九边，以巩固北方的边防。土木堡之变后，明廷建立团营制度，以弥补在土木堡之战中丧失的兵力。明朝中后期，热兵器开始兴盛，明朝也在此方面进行了积极的实践。

虎头盾牌
这是一种将火箭与盾牌组合在一起的可攻可防的盾牌。

朱元璋建立卫所

洪武七年(1374年)，太祖重定兵卫政策时，以5600人为一卫，下分前、后、左、右、中5个千户所。每个千户所又由10个百户所组成。百户所是明军队的基层编制，每所112人，下设两个总旗，10个小旗，一小旗10名士兵，士兵按此编制进行日常管理和军事训练。二十五年，定天下卫所，共计有329个卫，全国共有180余万军队。永乐时增至280万左右。

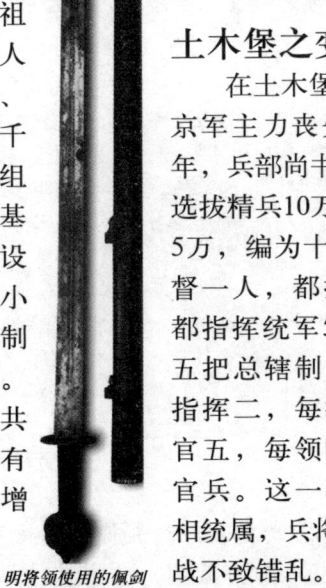

明持锤武将像

明将领使用的佩剑

土木堡之变后立团营

在土木堡之变中，明朝京军主力丧失殆尽。1451年，兵部尚书于谦从诸营中选拔精兵10万，次年又增兵5万，编为十营。每营置都督一人，都指挥三人。每都指挥统军5000人，分由五把总辖制。每把总下设指挥二，每指挥下设领队官五，每领队官下设管队官兵。这一编制使营中互相统属，兵将相识，临期赴战不致错乱。

北京保卫战

正统十四年(1449年)十月，也先以送回英宗为名，与瓦剌可汗脱脱不花率大军进犯紫荆关。兵部尚书于谦预料也先将大举进犯，上疏景帝多方备战。景帝按于谦的建议做出一系列安排，并出榜告谕，决心固守北京。在于谦的率领下，明朝将士奋勇杀敌，瓦剌军损失惨重，被迫全线撤退。此后，于谦等不断加强北京及边镇的守备，瓦剌南侵之势被抑制。景泰元年(1450年)，英宗被放回北京，做了太上皇。

国画《北京保卫战》

大规模重修长城

明初，修筑了东起鸭绿江、西至嘉峪关的长城。1546年，明世宗下令对长城加以完备，并在长城沿线一带设九边。因为元朝残余势力的南下攻扰伴随了明朝始终，所以以拱卫京师为防御重心的大规模修筑长城共进行了18次之多，时间跨度长达200多年。为了加强防御，明长城将以往的土垣城墙改为砖石，部分地段曾改线重建。

角山长城
从这部分的长城段可以见到长城的基本结构，墙体全部用条石青砖筑成。

九边的设立

为防御退守漠北的元朝残余势力，明朝在临边的险要地区，即东起鸭绿江、西至嘉峪关的长城沿线，先后设辽东（治今辽宁北镇）、蓟州（治今河北迁西）、宣府（治今河北宣化）、大同（治今山西大同）、太原（治今山西宁武）、延绥（治今陕西榆林）、宁夏（治今宁夏银川）、固原（治今宁夏固原）及甘肃（治今甘肃张掖）九镇，合称九边。每边以重兵驻扎。

佛郎机
西洋火炮也被称为佛郎机。佛郎机是明朝人对葡萄牙、西班牙及其国人的称呼。明人首次接触佛郎机是在1517年。1521年，明人已开始仿制佛郎机。嘉靖元年，明军击败侵犯广东新会西草湾的葡萄牙舰船，缴获其佛郎机20门。之后明廷开始大规模仿制。明朝仿制的佛郎机铳，母铳有方膛和圆膛两种，铳尾有长杆方便转动。这样明朝火器的战斗力便大大加强了。

热兵器的兴盛

发端于唐宋时期的中国火器发展到明朝时不仅种类繁多，而且制作技术及性能均有极大提高。火箭与鸟枪是明朝军队的主要轻型火器，地雷在明朝也很盛行，管形火器的发展尤为显著。明中期，佛郎机及红夷大炮等西洋火器传入，使明人得以汲取其瞄准器的长处，以改良自产火器的性能。当时中国的冷兵器时代即将结束，火器时代正在到来，可惜这一进程随着明朝的灭亡而中断了。

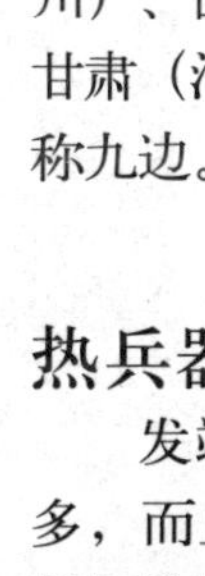

《九边图》中的辽东城
从此画面可看出明朝九边各城的军事布局。

明代一窝蜂
将几十支火箭放在一个大木筒内，引线连在一起，用时点燃总线，几十支箭齐发。

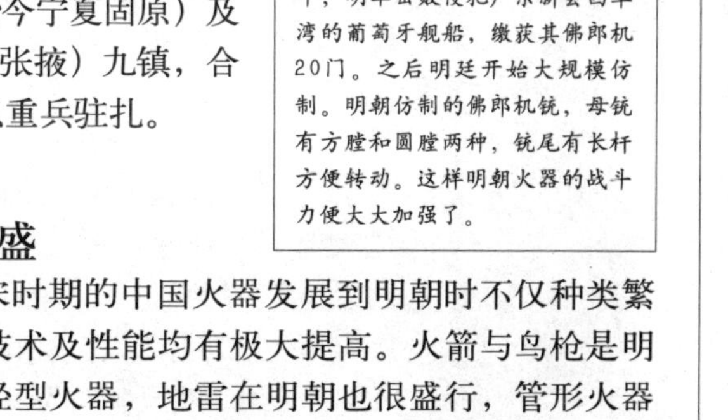

佛郎机复原图
佛郎机是明末时传入中国的，它是一种后装火炮，可轮流发射，大大提高了火炮的命中率和射速。

装上弹药的子铳

圆膛母铳

明朝中前期的宦官专权

明初太祖设立专门的特务机构锦衣卫，其后成祖设立东厂，宪宗设立西厂、内行厂，终明一代特务横行。特务机构往往以宦官充任首领，由此出现了中国古代历史上宦官专权最严重的时代。英宗时宠信宦官王振，王振用事多年，最终导致了"土木堡之变"。宦官曹吉祥因夺门有功受英宗宠信，遂又专权用事。宪宗时宦官汪直、武宗时宦官刘瑾相继操纵东西两厂，权倾朝野，弄得朝政极其败乱。

《明人宫装图》中的太监

东厂的设置

明成祖夺位后，始设专司侦缉和刑狱的特务机构，谓之东厂。东厂常以司礼监秉笔太监之第二、第三人主持厂内事务，称"钦差总督东厂官校办事太监"，简称"提督东厂"。东厂奏本昼夜均可径送皇帝。神宗朱翊钧初年，冯保以司礼太监兼东厂事，并设立内厂，而以初建者为外厂。有明一代，厂与锦衣卫并列，从事特务统治。宦官借机擅权，为害甚烈。

智化寺王振祠如来殿
王振死后，家庙一度衰落。英宗复辟后，在智化寺内建立"旌忠祠"，供奉王振塑像，可见王振在当时的显赫地位。

明朝宦官陶俑

王振擅权

王振为明英宗时太监，少时自净入宫，侍太子朱祁镇，以谄媚博得太子宠幸。1435年朱祁镇即位，是为英宗，任用王振掌司礼监。王振自此压制百官，作威作福。太皇太后及三杨死后，王振更加肆无忌惮。王振专权造成政治腐败，边备废弛，为瓦剌南侵提供了有利的条件，最终酿成了"土木堡之变"。王振在"土木堡之变"中为卫兵所杀。

明象牙雕人像

曹石乱政

天顺元年(1457年)，太监曹吉祥与武清侯石亨俱以拥英宗复位功获得重用。二人遂专权跋扈，排斥异己，贪财嗜进者竞走其门。四年二月，石亨坐图谋不轨罪死于狱。曹吉祥等惧，遂谋七月二日发动叛乱。七月一日谋泄，曹吉祥被逮下狱，其侄曹钦等率叛党诛杀大臣，纵火攻宫城，怀宁侯孙镗率兵讨平叛党。三日后曹吉祥被磔于市，其亲戚同党或被处死，或流放岭南。

西厂的设置

明宪宗成化(1465年～1487年)年间,汪直用事。成化十三年(1477年)正月,汪直为加强特务统治设立西厂。西厂专事侦缉,其活动范围自京师遍及各省,人员和权势皆盛过东厂。汪直趁机陷害忠良,排除异己,用锦衣卫百户韦瑛为心腹,屡兴大狱。五月,内阁大学士商辂与万安、刘诩、刘吉联合上奏汪直擅权枉法,肆虐忠良。兵部尚书项忠与九位大臣也联名上奏弹劾汪直。宪宗无奈,只得解散西厂,但汪直仍受重用。后阿谀奉承之臣为讨好宪宗,说没有汪直提督西厂,天下反而更加不宁。借此之说,宪宗于六月十五日下诏恢复西厂。成化十八年,汪直被贬后,西厂又被罢弃。武宗正德元年(1506年),再设西厂,直到五年,刘瑾伏诛,又罢西厂。

明代出入宫禁示牌

《宪宗调禽图》中的小太监

内行厂的出现

正德(1506年～1521年)初年,宦官刘瑾把持朝政。他为了镇压人民、迫害政敌,乃以其心腹宦官掌东、西两厂,大力加强特务活动。正德三年(1508年)八月,又在荣府旧仓地设置一厂,号内行厂。内行厂由刘瑾亲自掌领,专于京城内探事,连东西两厂和锦衣卫亦受其监视。五年,刘瑾被杀。不久,内行厂也被撤销。

宪宗不见阁臣

明成化七年(1471年)十二月十六日,太子少保吏部尚书文渊阁大学士彭时、商辂、万安等辅弼大臣因宪宗即位以来,尚未召见过大臣,上言请求觐见。次日早朝后,宪宗召见这些大臣。彭时刚提及一些事宜,宪宗便不耐烦地说:"知道了。"众臣只好高呼万岁。宦官于是嘲笑他们为"万岁阁老"。这次召见是宪宗在位23年里唯一一次召见阁臣。此后,群臣有事皆由太监奏闻。

明禁牌

汪直、刘瑾擅权

明朝中后期,宦官专权日渐严重。宪宗时汪直受宠。时汪直领东西两厂,以奸臣陈钺、王越为爪牙,横行一时,朝臣中不附其者多遭排斥,时人但知惧畏汪太监,而不惧畏皇帝。汪直又对女真、蒙古妄加征伐,藉立战功以固其势,对边防造成不利影响。后汪直被告发,宪宗遂废汪直及其党羽。之后,刘瑾受武宗宠信,遂结党营私,与宦官马永成、谷大用、张永等结为死党,时人称之为"八虎"。"八虎"横行,朝政日非。刘瑾于东厂、西厂之外,又创内行厂,大狱频兴,致使人人自危。瑾又广置皇庄,侵夺民业,卖官鬻爵,搜刮财富。刘瑾逆行,激起农民起义不断,使明朝陷入危境之中。后刘瑾之行被发觉,武宗大怒,令枭首示众。

明朝瓷蟋蟀罐
明朝制造的蟋蟀罐较多,这与皇帝的嗜好有关。皇帝只知玩乐,不理朝政,造成宦官擅权。

明朝中期的混乱统治

明朝中期，统治者加紧盘剥人民，各地纷纷爆发农民起义，其中较为著名的是江西邓茂七起义、荆襄流民起义。这些起义震撼了明王朝的统治，使统治者不得不多少改变统治政策。明武宗即位后，任用奸臣，荒淫暴乱，致使明朝更加衰败，并引发了朱宸濠之叛。明世宗中后期，荒于朝政，宠信严嵩，致使严嵩专权，明朝的统治更加混乱。期间蒙古首领俺答汗率军围攻京畿，肆意抢掠，明朝终无力对抗。

卖地契
明代农民因生活困窘不得不卖掉耕地的事情比较普遍，失去土地的农民成为流民，对明朝的统治形成威胁。

明代火枪
火枪一度是明朝军中火器手的武器装备。

邓茂七起义

明英宗时，农民所受压迫十分沉重，江西一些地方的地主在征取田租之外，还要佃户交纳鸡鸭等"冬牲"。时人邓茂七因为豪侠被推举为甲长，趁机领导佃农拒绝送租，拒交冬牲。正统十三年（1448年）二月，知县派巡检逮捕邓茂七，邓茂七乃杀巡查，聚众起义，数日内众至十余万人。后在沙县陈山寨建立政权，自称"铲平王"。明政府惊惶万分，派兵镇压。次年二月，由于叛徒出卖，起义失败。

《流民图》局部

荆襄流民起义

荆襄流民主要指宣德至成化年间为土地兼并或租税徭役所迫而逃入荆襄山区谋生的农民，成化年间集众至150万，官府视之为"盗贼渊薮"。成化元年(1465年)三月，流民首领刘通联合石龙、刘长子等在房县立黄旗聚众起事。朝廷于成化十二年派左都御史原杰抚治荆襄流民，设置郧阳府与湖广行都同知。流民附籍后，垦辟老林，从事农作，荆襄山区逐渐民户稠密、商旅不绝，经济发展起来。

武宗乱政

1505年，朱厚照继位，是为明武宗。朱厚照沉溺酒色，营建豹房专供其游乐。他重用宦官"八虎"，完全疏懒于政事；又宠信奸臣江彬，经常微服出游，乐而忘归。武宗出游常夜入民宅强索妇女，致使百姓弃业罢市。武宗的怠政和大肆挥霍使国库虚空，明王朝统治日趋腐朽。1521年，明武宗死在豹房，结束了荒淫的一生。

朱宸濠之叛

朱宸濠是宁王朱权的后代，嗣封于江西南昌。武宗怠政荒淫，刘瑾专权，朱宸濠趁机谋划反叛。正德十三年（1518年），朱宸濠起兵，发布檄文指责朝廷过失，宣布废除正德年号，派人四出招降。叛乱很快遭到南赣军务都御史王守仁起兵征讨。不久，朱宸濠父子及江西各州县等文武百官均被俘获。十六年，朱宸濠在通州被处死，同党被押到京师后全部被处磔刑。

乾清宫
乾清宫是明朝皇帝的正寝室，皇帝有时在此召见大臣。

大礼仪之争

1521年，明武宗病死，无子。朱厚熜奉太后命以藩王世子入承皇位，是为世宗。世宗即位后即命群臣集议其父祐杬的尊号。首辅杨廷和等主张尊孝宗为皇考，以祐杬为皇叔父。世宗不悦，要求另议。后世宗采纳张璁等人的建议，下诏改称孝宗为皇伯考，以祐杬为皇考。诏书下，朝议大哗。世宗大怒，下令逮捕一百九十余人，杖死十余人。至此，持异议者不敢争。"大礼仪之争"开了明代朝臣中的党争之风。

严嵩擅权

严嵩为明嘉靖时期权臣。嘉靖十五年（1536年），严嵩官至礼部尚书。二十七年，严嵩诬告原首辅夏言误国，夏言被处死，严嵩升任首辅。当时，世宗深居宫中，不见朝臣，军国要务全部委托给严嵩处理。严嵩遂独操国柄，擅作威福。严嵩握权既久，世宗渐厌恶之。嘉靖四十五年，严嵩被令致仕，其子严世蕃被判充军。未几，严世蕃以交通倭寇罪被处死，严嵩亦被黜为民。

明世宗

庚戌之变

明朝中后期，朝政逐渐腐败混乱，甚至到了内无良臣、外无良将、军备废弛的局面。嘉靖二十九年，蒙古土默特部首领俺答汗因"贡市"不遂而发动侵明战争。蒙军先犯大同，时宣化、大同总兵仇鸾竟以重金贿赂俺答汗，使其勿犯大同而犯他处。蒙军遂移师东犯蓟州。八月，俺答汗入古北口，明军一触即溃，俺答汗长驱直入内地，京师震恐。嘉靖皇帝任命仇鸾为平虏大将军，仇鸾却不敢指挥对敌作战。之后，俺答汗又进犯天寿山诸皇陵。这次蒙古骑兵进围北京，骚扰抢掠京畿达八日之久，所掠男女牲畜金帛财物无数。因这年是农历庚戌年，史称"庚戌之变"。庚戌之变是明廷中后期腐败衰落的集中反映。

"骁右营总兵关防"铜印
这是明政府用以调兵遣将的凭证。

《明世宗出巡仪式》局部

西方势力渗入中国

1517年，葡萄牙使团来华，要求同中国通商。1583年，意大利传教士利玛窦等人来华传教，万历皇帝准其居住在京城。1604年和1622年，荷兰殖民者两度侵犯中国之澎湖，均被明廷击退。此是外国势力以武力侵犯中国之始。荷兰又于1624年侵占我国台湾，并对台湾进行了38年的统治。直至1662年，台湾才被郑成功收复。

明青花无挡尊
这件瓷器与中国传统的瓷器造型不同，具有西洋特色。

明时葡萄牙帆船模型
这种船的船体坚固巨大，载货量也大。

葡萄牙势力渗入中国

1517年，葡萄牙国王派遣使团来华，到达广州，希望与中国建立贸易关系。当时，明朝的地方官将他们视为朝贡国对待，但因葡萄牙不在朝贡国名单之内，地方官上报朝廷，请求指示。后来，葡萄牙使团通过贿赂获准进京。葡萄牙表面上是想与明朝通商，实际上是想窥探明朝的虚实，伺机侵略。葡萄牙通明是欧洲势力渗入中国的开始。至嘉靖年间，葡萄牙人窃据澳门。

外国传教士入华

1583年，意大利传教士利玛窦和罗明坚一起到广州肇庆传教。1601年，利玛窦到达北京，向神宗朱翊钧进献《万国全图》、天主圣母像及自鸣钟等礼物。当时礼部认为利玛窦学说荒谬，而且私下交结官员，应遣还本国，神宗却对他嘉赏备至，安排到宣武门内居住。从此，耶稣教士得以在北京合法地居留传教，由此奠定了他们在华传教事业的基础。

利玛窦
利玛窦是意大利人，出身于贵族家庭，1571年加入耶稣会。

明末西学东渐

明朝末年，中国的自然科学开始落后于西方。万历年间，徐光启与来中国传教的耶稣会教士联合翻译西方著作，介绍西方自然科学。他先后翻译了西方先进的数学、天文学、地理等资料，在传播西方科学知识和提高中国科学水平方面贡献巨大。他还和利玛窦合译了《测量法义》一卷，并写了《测量同义》与《勾股义》两书。徐光启译、著的这些著作大大加强了人们对西方科学知识的了解。

伽利略比例规
伽利略比例规是由意大利籍传教士介绍到中国来的。

万历南京教案

明万历时，有一个叫王丰肃的传教士在南京传教，官民信教者颇多。他大兴宗教仪式，并声称西洋风土人物远胜中华。万历四十四年(1616年)，南京官员奏称：传教士交通外国，且以左道惑众，居心叵测，不宜令其久居南京。明廷遂下令驱逐传教士。万历四十六年，在南京传教的王丰肃、鲁德照以及在北京传教的熊三拔、庞迪我等都被强制遣往澳门。

荷兰窃据台湾

1624年，荷兰侵略者被明军逐出澎湖后，转而侵占台湾，在台南登陆，并在鹿耳门修筑台湾城。荷兰人占据台湾后，对当地人民实行残暴统治。他们将土地据为己有，分为上中下三等，令当地农民耕种，征收高额地租。此外，还强迫当地居民承担繁重劳役，苛捐杂税更是名目繁多。为摆脱殖民者的黑暗统治，台湾人民多次进行反抗。1662年，台湾人民配合郑成功将殖民者逐出台湾，结束了殖民者在台湾38年的血腥统治。

大三巴
为培养精通汉语、熟悉中国礼仪的传教士，葡萄牙在澳门设立了一所东方最早的西式高等学府——澳门圣保禄学院。今日的大三巴牌坊，就是圣保禄学院被焚毁后残存的前壁。

神火飞鸦
明火器用细竹篾，绵纸扎糊成乌鸦形，内装火药，由四支火箭推进。

中荷澎湖之战

1604年，荷兰殖民者麻事朗率舰闯入中国广东海境，强求通商，遭明政府拒绝，遂窃据澎湖列岛。明政府下令严禁奸商对荷人接济，并派部司沈有容领兵前往与之交涉，迫使其退出澎湖。天启二年(1622年)，荷兰殖民者再次侵占澎湖列岛。四年正月，明福建巡抚南居益派兵征讨，大败荷兰军。七月，荷人遁去。荷兰人撤出澎湖后，转而谋台湾。

西班牙帆船模型

明军战船

西班牙侵犯台湾

1626年，西班牙殖民者在台湾三貂角登陆，占领鸡笼(今台湾基隆)。崇祯元年(1628年)，他们侵入台湾西北部海岸沪尾(今台湾淡水)，筑圣多明哥城。五年，侵入台北平原，六年又侵入哈仔难(今台湾宜兰)。十四年，窃据台湾南部的荷兰殖民者攻击鸡笼、沪尾，被西班牙守军击退。十五年，荷军重整旗鼓，再度进攻鸡笼，西军寡不敌众，宣布投降，退出台湾，荷兰殖民者遂占据全部台湾。

明中后期抗倭

明朝中期，倭寇猖獗，为此，明朝皇帝英宗颁布禁海令，严禁官民出海，以此减少倭祸。但此法终不治本，于是有识之士提议整顿海防，抗击倭寇。时明臣朱纨奉命整顿海防，他多次击败倭寇，却遭人陷害，含恨而死。之后倭寇气焰更加嚣张。后来俞大猷和戚继光奉命出击倭寇，多次击败前来侵犯的倭寇，戚继光的"戚家军"更是所向披靡，连端倭寇巢穴。之后日本又侵犯朝鲜，明军应朝鲜要求出兵，大败日军，并将日军赶出朝鲜。

戚继光

戚氏军刀
这把军刀是万历十年戚继光任蓟镇总兵时铸造的。

倭寇兴起

明初时，倭寇就开始侵扰我国东南沿海。自明朝中期起，在日本国内混战失败的日本南朝封建主组织武士、浪人到中国沿海一带走私、抢劫。嘉靖时期，官僚、地主下海经商的人日益增多。他们与倭寇勾结，组成海上武装劫夺集团，在浙江、福建、广东等沿海地区烧杀抢掠，无恶不作。此时是倭寇最为猖獗的时期之一。

明朝边防士兵使用的兵器

朱纨抗倭

嘉靖年间，浙闽倭寇出没无常，危害甚烈。嘉靖二十六年(1547年)，朱纨提督浙、闽海防军务，巡抚浙江。朱纨整饬海防，攻克倭巢双屿港(在今浙江宁波附近海上)，擒倭首稽天、许栋。又严海禁，革渡船，搜捕通倭汉奸窝主。后又多次剿灭倭寇。朱纨屡破倭寇，却遭人陷害，含恨服毒自杀。此后倭祸更烈。

英宗禁海

正统元年（1436年），英宗即位之初，有司奏陈：豪玩之徒私自制造船只下海捕鱼，容易招引倭寇登岸入侵。户部也奏海防正欲加强，应严治敢于私自捕鱼及纵容包庇倭寇者。英宗准奏。之后倭祸有所减少。但自明正统十年，日本浪人开始不断骚扰浙江沿海。英宗下令加强沿海防备，并增设沿海防倭官，对阻止和抗击倭寇的侵犯起到了积极的作用。

《抗倭图卷》局部

戚继光、俞大猷闽粤平倭

嘉靖三十四年(1555年)，明廷调戚继光赴浙御倭寇。三十七年，戚继光建成"戚家军"。"戚家军"纪律严明，战斗力强，四十年破倭于台州。次年援闽，连破横屿、兴化诸倭。四十二年再度入闽，获平海卫大捷，歼倭寇两千余人。另一抗倭名将俞大猷，则于三十五年率军平定浙西倭患，后又攻克居于舟山（今属浙江）的倭巢。之后，俞大猷与戚继光联合作战，斩杀倭寇甚众。至四十五年，东南沿海倭患基本消除。

中日朝鲜之战

万历二十年(1592)五月，日本关白(丞相)丰臣秀吉派兵十万，入侵朝鲜，占王京(今韩国汉城)、平壤。朝鲜求援于明。八月，明派兵入援朝鲜。二十一年正月，明军光复平壤、开城等地，日军被迫撤离王京，退守釜山一带。后日与明伪和，并于二十五年再度大规模侵朝。明又派兵入援。二十六年十一月，中、朝水师联合作战，邀击日军于釜山南海。最后中朝联军大获全胜，日军被迫撤出朝鲜。

王江泾大捷

嘉靖年间，倭寇大肆侵掠东南沿海。嘉靖三十三年五月，明政府任命南京兵部尚书张经总督浙江、福建军务。五月中旬，倭寇进犯嘉兴，张经派俞大猷、汤克宽率军进剿，与倭寇大战于王江泾。是役倭寇被杀一千九百余人，烧死、淹死的不计其数。王江泾大捷是明朝兴师平倭以来最大的一次胜利，俞大猷功不可没。

釜山南海之战

万历二十六年七月，丰臣秀吉死，侵朝日将各怀归心，军心动摇，中朝军队加紧进击日军。十一月，明总兵麻贵等在釜山一带击败日军，杀敌一百余人。日军拟由海上逃遁。明总兵陈璘率水师联合朝鲜军队，与日军大战于釜山南海。明副将邓子龙、朝鲜统制使李舜臣身先士卒，英勇战斗，杀敌无数，先后壮烈牺牲。是役，中朝军队杀敌万余人，焚日舟百余艘，取得了抗击侵朝日军的彻底胜利。至此，丰臣秀吉残部只得撤离釜山，卷甲而归。

明与后金的和战

后金首领努尔哈赤袭其父职后，一面与明伪交好，一面暗中发展自己的势力，逐步统一了女真，并为灭亡明朝做积极的准备。1619年，后金军在萨尔浒大败明军，增强了后金灭明的信心。明朝不少将领坚决抗击后金。熊廷弼经略辽东时，后金兵不能越过其防线；袁崇焕督师蓟辽，后金兵亦不能逾其边界，崇焕死后，明朝北面局势大坏。孙承宗则曾收复永平、迁安、滦州、遵化四城。

《清实录》满族入关前生活状况（木版画）
明时女真较大的两部南徙，大抵在明朝嘉靖时期已稳定散居于辽东东北边。他们向汉人学习耕种，建屋种田，已不再是只知狩猎的民族。

努尔哈赤受封龙虎将军

明万历十一年(1583年)，努尔哈赤袭其父建州左卫都指挥使职。同年，他起兵逐步统一了女真。为避免明朝干涉，他一面暗自发展自己的势力，一面向明朝纳贡称臣。十七年，他斩木札河部人头五十献明，被晋升为建州左卫都督佥事。此后屡屡入京朝贡，佯示忠诚。二十年，他向明廷求封龙虎将军。二十三年，明廷应允加封。这提高了他在女真诸部中的威信，为后来称汗做了准备。

后金计取抚顺

抚顺历来为明与建州女真互市场所。1618年，后金遣人至抚顺，诡言翌日将有三千女真来为大市。届时，后金兵假冒赴市者，诱哄城中军民出城贸易。随后而来的后金精兵乘机攻占抚顺。明守城千总官王命等战死，游击李永芳等降。明总兵官张承荫率兵赴援，与后金交锋，大溃。从此抚顺及其周围台、堡、寨等五百余处悉归后金。

萨尔浒大战

1618年，明朝在全国调兵遣将，并加派辽饷。以杨镐为辽东经略，坐镇沈阳，负责指挥全军对后金的进攻。这次战役最具决定性的激烈战斗主要是1619年在萨尔浒进行的，所以被称为萨尔浒之战。此战中，努尔哈赤集中兵力将明朝三路大军各个歼灭。这是明与后金的第一次决战，最终以明军大败而告终。萨尔浒之战后，明与后金的形势发生了变化，明朝从此大衰，一蹶不振，不得不由进攻转入防御。后金对明的战争由防御转入了进攻。

萨尔浒之战书事碑
清乾隆皇帝为纪念先祖，派人在萨尔浒山上立碑颂功。

后金马鞍

熊廷弼

熊廷弼抗金

萨尔浒之战后，明朝在辽东的防线濒于崩溃。同年六月，熊廷弼以兵部右侍郎代杨镐经略辽东。他招集流亡，整肃军令，造战车，治火器，浚壕缮城，守备大固。熹宗即位，魏忠贤专权，熊廷弼遭诬劾去职。1621年，清兵攻破辽阳，他再次出任辽东经略，但与广宁巡抚王化贞不和。后王化贞兵败溃退，致使广宁失守。魏忠贤却袒护王化贞，诿罪于熊廷弼，使其于1625年被冤杀。自此，辽东局势恶化。

袁崇焕督师蓟辽

熊廷弼后，袁崇焕镇守辽东。崇祯元年(1628年)，袁崇焕以兵部尚书兼左副都御史，督师蓟、辽，仍镇宁远。二年，皇太极后金兵分道入龙井关、大安口，袁崇焕引兵入卫。皇太极越蓟州而西逼京师。袁崇焕引兵入护京师，屯兵广渠门，与后金兵交战，不分胜负。三年正月，皇太极设离间计，称袁崇焕与后金有密约，令所俘宦官知之，暗中纵其逃归，告于崇祯帝。崇祯帝深信不疑，逮袁崇焕下狱，磔于市。此后明朝北门遂大开。

孙承宗抗金

崇祯二年，孙承宗以东阁大学士兼兵部尚书守通州(今北京通州)。是年十月，后金皇太极率兵入塞，攻陷遵化。三年正月，皇太极挥师东进，占永平、迁安、滦州，留阿敏驻守，自领大军北还。时各地勤王兵二十万驻蓟府及附近地区，未能收复失地。五月初，孙承宗亲赴督战。十日，率军击败后金滦州守军，滦州光复。又遣兵收复迁安。永平后金兵势穷，弃城北逃。十六日，孙承宗又光复遵化。至此，四城俱复，解京师危势。孙承宗威名大震。

边防危机的加深

袁崇焕死后，清军多次破关入塞，侵袭明朝。清崇德元年（1636年）秋，皇太极命阿济格、阿巴泰等率军入居庸关，绕过京师，直插保定以南，连克十二城，俘获人畜十八万。三年，皇太极命多尔衮分兵两路越过长城，直抵涿州（今河北涿县），然后出河北，下济南，俘明德王朱由枢，共克城五十多座，俘人口四十多万。之后皇太极又多次入塞侵扰，削弱了明朝的统治。而皇太极则掠得大量人畜财物，充实了国力。明朝边境危机进一步加深。

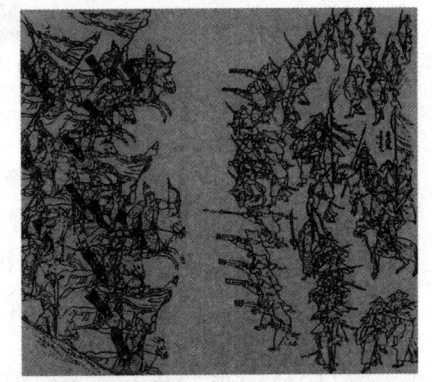

袁崇焕画像

孙承宗像

明军与后金军对战图
此图出自《清实录》，由此可见明军与后金军对垒的场面。右面明军的前排士兵，以火器配合长刀、短刀及长枪列阵，而后金军仍以弓箭作战。

明末的衰败

明朝末年，明王朝实力逐渐衰弱。这时北方的后金政权则日益强盛，并逐年南侵，力图消灭明朝。明朝政府为了抵御后金，加紧剥削人民以筹措军费，致使人民起义频繁。明政府为镇压人民起义，抵抗后金南侵，更加压榨人民。这期间，宦官魏忠贤专政，大肆迫害反对他的官民，使朝政混乱，民不聊生，加剧了明王朝的衰亡。当时明廷里力主图强的东林党人也惨遭其迫害。

明《饥民图说》书影

红夷炮
明政府曾用它来镇压农民起义。

平定杨应龙之乱

明属四川的播州（今贵州遵义），处在四川与贵州交界地带。杨应龙因其祖杨烈军功，于万历十八年（1590年）袭封为都指挥使，镇守播州。万历二十二年十月，他在播州发动叛乱。明军出师征讨，前后历时114天，斩杀甚众。乱平之后，明廷在播州地区实行"改土归流"，废除土司的世袭制度，改依内地地方官制，由明廷直接派"流官"统治。

万历三大征

万历二十年（1592年）二月，宁夏副总兵官起兵反叛；五月，日本发动侵朝战争，朝鲜向明朝求援；同时西南又发生播州杨应龙叛乱。明神宗被迫调兵遣将三路出征，史称"万历三大征"。这三次征讨战事持续了八年之久，动用军队上百万人次，虽然最终全部获胜，但军费支出将近两千万两白银，明王朝国库储备被耗费一空，政府更加紧盘剥人民，阶级矛盾日趋尖锐。

明代短袖锁子甲复原图
锁子甲是一种新式的铠甲，它可以直接罩在戎衣之外，遮盖面大，保护力强。

《晓耕图》局部
这幅画描绘了明朝江南农村农民辛勤劳作的场面。

加派三饷

1618年，地处辽东边外的后金政权起兵反明。明廷为筹措军费、保卫辽东，决定在全国每亩加征银3.5厘，得银200余万两，是为"辽饷"。崇祯十年（1637年），明廷为筹措镇压农民起义军的军费，规定"亩输六合，石折银八钱"，征银330万两，是为"剿饷"。十二年，明廷为筹措抵御清（后金）兵和镇压农民军而训练军队的开支，每亩加派银一分，共得银480万两，是为"练饷"。三饷大大加重了人民的负担，激化了阶级矛盾，加速了明王朝的崩溃。

明末三大案

　　1620年，明光宗即位后不久即患重病。司礼监秉笔兼掌御药房太监崔文升进泻药，光宗服后病情加剧。鸿胪寺丞李可灼又献红丸，光宗服二丸后去世。朝臣群起弹劾崔、李二人，也有怀疑郑贵妃指使下毒者，遂引起争论，是为"红丸案"。另有之前的"梃击案"及"移宫案"，并称为明宫三大案。三大案之后，东林党人迅速崛起，一时"天下欣欣望治"。

明皇后凤冠

魏忠贤乱政

　　明熹宗时，太监魏忠贤受宠。熹宗荒于政事，魏忠贤遂得乘隙为奸。他内结熹宗乳母客氏为内助，外结阁臣为羽翼，故势焰益张。天启三年(1623年)冬，魏忠贤兼掌东厂，又以死党田尔耕掌锦衣卫，许显纯掌镇抚司，民间偶语，触及魏忠贤，皆被惨杀。魏忠贤又大杀异己，迫害东林党人和正直官僚。魏忠贤专权使明朝统治更加黑暗，加速了明朝的灭亡。

魏忠贤与熹宗乳母勾结，祸乱内宫，导致明末宫廷腐败。

东林狱案

　　万历二十二年被革职的吏部郎中顾宪成回到家乡无锡，后与高攀龙、钱一本等人在东林书院讲学。他们常常讽议朝政，裁量人物，受到朝野部分官员的支持，被称为"东林党"。天启初年，东林党一度当政，和以魏忠贤为首的阉党展开斗争。魏忠贤专权后，残酷迫害东林党人，先后兴起"六君子"、"七君子"等狱，并利用"梃击"、"红丸"、"移宫"三案打击陷害东林党人，东林党人几被驱尽杀绝。史称"东林狱案"。

明代楠木笔架

复社之兴

　　明朝末年，某些东林党人虽在崇祯时跻身朝廷，但已放弃了原来的改革主张而醉心于争权夺利。于是一大批文人借以文会友之名，纷纷在各地组织文社，进行各种社会活动。其中影响最大的是太仓人张溥和张采所主持的"应社"。1633年，在应社基础上，二张招集南北各省若干小社三千余人，在苏州虎丘成立复社。其宗旨是："复兴古学"、"务为有用"。其活动除组织起来尊师会友、赋诗撰文外，主要是在政治上继承东林党反对贵族地主邪恶势力的传统。南明弘光时，由于受到当政阉党的打击迫害，复社解散。

魏大中《绝命书》
魏大中是万历年间的进士，也是东林党的重要成员。

明朝的灭亡

明朝末年，朝政腐败，后金不时南侵，明王朝内外交困。为摆脱困境，明政府加紧剥削人民，以榨取镇压农民起义和抗击后金入侵的军饷。这更使得农民起义风起云涌，其中李自成和张献忠领导的农民起义军声势最大，分别建立了"大顺"和"大西"政权。"大顺"军于1644年攻破北京城，崇祯帝自杀，明朝灭亡。

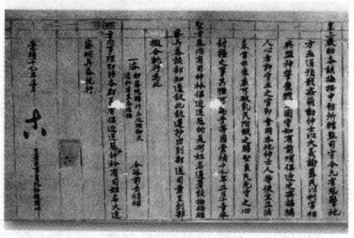

明兵部报告李自成活动情况行稿

高迎祥起义

明朝末年，农民被迫发动起义以反抗明廷的残暴统治。1627年，陕西白水王二揭开了大起义的序幕。不久安塞高迎祥率众起事，自称闯王，所部与张献忠、李自成皆为农民军36营之一。他率部渡黄河，经河南转战湖北、陕西、四川等地。后与李自成、张献忠东征，攻破凤阳，毁明帝祖陵。1636年，高迎祥率军谋攻西安，在今陕西周至遭明将孙传庭伏击，战败被俘而死。李自成继称闯王。

闯王李自成

明三眼铁火铳

李自成攻克洛阳

崇祯十三年(1640年)，李自成部农民军自商州、洛南一带山区摆脱明军围困，经武关进入河南，当地饥民纷纷加入李自成军。义军连克宜阳、偃师等县城，扫清了洛阳外围地区。次年正月，李自成率部进抵洛阳城下，明总兵王绍禹部，大开城门，迎接义军。明福王朱常洵和世子朱由崧躲入迎恩寺内，被义军捕获。后朱由崧逃脱。李自成克洛阳后，派邵时昌守洛阳，自率军移攻开封。洛阳虽不久复被明军攻陷，但李自成部农民军却从此开始夺取大城市并设官守城。

大顺政权铜印

均田免粮

崇祯十三年，李自成率部进入河南地区，针对明末土地高度集中和赋役苛重的现实，根据广大农民群众渴望得到土地的要求，他提出了"均田免粮"的斗争纲领。提出"五年不征"、"平买平卖"等口号，同时实行"劫富济贫"的政策，没收大地主、大官僚的土地分给农民耕种，故均田免粮纲领深得广大人民群众拥护。均田免粮的斗争纲领把农民斗争的锋芒直指封建土地制度。这个纲领对于动员群众参加反封建斗争起着重要作用。

大西政权建立

崇祯十六年，张献忠率部攻克武昌，遂据楚王府，自称大西王。以武昌为京城，改称天授府；设六部、五府、五城兵马司等机构，又开科取士，殿试取30人为进士，授以官职；铸"西王之宝"，以供流通；发王府钱财，以赈饥民。次年，大西军进入四川，占领成都，正式建立大西国，张献忠称帝，定年号大顺，以成都为西京，以蜀王府邸为宫殿；铸"大顺通宝"；命汪兆龄、严锡命为左、右丞相；设六部五军都督府，军制上以孙可望等为将军；军队编成120营（一说70营）。大西国辖境为四川大部地区。

永昌通宝
大顺政权发行的钱币

大顺政权的建立

崇祯十五年底，李自成部义军攻克襄阳。次年春，改襄阳为襄京，置中央和地方行政机构，为建立大顺政权奠定了基础。同年，李自成连克陕西三重镇，十月，占领西安。十七年，李自成正式宣布建国，改西安为西京，国号"大顺"，建元"永昌"。李自成在西安进一步调整和完善了农民政权的中央机构；同时继续推行"均田免赋"、"割富济贫"等政策，安置流民，稳定物价，废除八股，颁布新历等；又敕令各营加紧练兵，积极备战。此后，农民革命政权根基渐稳，各营部队兵精粮足。于是起义军在李自成的亲自率领下，开始进攻北京。

明孝陵华表

明朝覆灭

崇祯十七年，大顺军兵临北京城下，旋即攻占外城。与此同时，明太监曹化淳献彰义门投降。十九日清晨，李自成军攻破内城。崇祯帝见大势已去，便与太监王承恩入内苑，自缢于煤山寿皇亭树下。明朝至此宣告灭亡。共传16帝，276年。明亡后，其宗室残余势力曾先后在南方建立弘光、隆武等四个政权，史称南明，后为清军各个击灭。

崇祯帝朱由检

南明政权的消亡

明朝灭亡后，明宗室先后在南方建立了弘光、隆武、绍武及永历四个政权，前后共历十八年，统称南明。顺治元年（1644年）五月，福王朱由崧在南京建立弘光政权，顺治二年五月为清所灭；顺治二年闰六月，唐王朱聿键在福州建立隆武政权，三年八月为清所灭；顺治三年十一月，朱聿键之弟唐王于广州建立绍武政权，同年十二月十五日，为清所灭；顺治三年十一月，桂王朱由榔在肇庆建立永历政权。康熙元年（1662年），吴三桂擒杀永历帝，南明最后一个政权覆灭。

明朝武将石像

明朝的文化艺术

明朝在文化艺术方面取得了很大的成就。这一时期，长篇小说开始兴盛，并出现了《三国演义》《水浒传》《西游记》等脍炙人口、影响深远的著作。戏剧上，汤显祖作《牡丹亭》，对后世的戏剧创作产生了很大影响。此外，明成祖为拉拢知识分子，耗费大量人力、物力，编成了规模空前的大型类书《永乐大典》。

皮影戏《三国演义》之曹操发兵

长篇小说的繁荣

在承继宋元话本的基础上，长篇小说在明朝出现并开始繁荣，其中尤以罗贯中的《三国演义》、施耐庵和罗贯中的《水浒传》、吴承恩的《西游记》最为著名。这几部小说反映了当时的一些社会现象，同时也因其通俗，逐渐成为雅俗共赏的历史小说，对后世影响颇大。

《西游记》中的人物：孙悟空、白骨精

汤显祖和《牡丹亭》

《牡丹亭》为传奇剧本，全名《牡丹亭还魂记》，也称《还魂记》，是明朝戏剧学家汤显祖代表作。作品通过杜丽娘和柳梦梅这对陌生青年男女在梦中相会，由梦生情，由情而病，由病而死，死而复生，终成眷属的爱情故事，揭露了封建礼教和青年男女爱情生活的矛盾，歌颂了青年男女在追求幸福自由的爱情生活上所作的斗争。全剧曲词兼用北曲泼辣动荡及南词宛转精丽的长处，心理刻画细腻，对后来的戏曲创作影响巨大。

《牡丹亭》书影

《永乐大典》成书

为了笼络人心，尤其是拉拢知识分子，明成祖决定组织士人编纂一部规模空前的类书。永乐元年（1403年）七月，成祖起用翰林侍读学士解缙等主持编写工作，由礼部挑选中央和地方官员及全国各地有文才的资深儒士参与编纂。永乐四年，"文献"二稿完成，包括经、史、子、集等各类著作，内容十分丰富。成祖亲自定名为《永乐大典》。

《永乐大典》书影

第九章

Part 9:
没落与新生

清 公元1616年~公元1911年

清朝是中国历史上最后一个封建王朝。1616年，女真首领努尔哈赤统一女真各部，建立后金。1636年，皇太极改国号为清。1644年，清兵入关，逐渐统一全国。平定三藩之乱后，清朝统治开始走向稳定。清朝文化科学取得很大成就，但是清朝大兴文字狱，使得埋头考据之风盛行。乾隆后期以后，清朝统治日趋腐败，农民起义不断。道光之后，西方列强开始对中国侵略扩张，中国逐渐沦为半殖民地半封建社会。1911年，资产阶级领导的辛亥革命迫使清帝溥仪退位，清朝灭亡。自此，中国封建王朝长达两千多年的统治宣告结束。

女真再度崛起

明朝中后期,位于东北地区的女真各部发展很快,但各部间战乱不止,后建州女真人努尔哈赤基本统一了女真各部。在统一过程中,他创立了八旗制度,创制了满文,使分散的女真人结成了牢固的整体。1616年,努尔哈赤称汗,国号大金,史称后金。建立政权后,后金谋图扩张。1621年,后金夺取了明朝辽东以东地区,迁都辽阳。1625年,迁都沈阳。次年,努尔哈赤进攻宁远,兵败后忧愤而死。

清太祖努尔哈赤朝服画像

建州女真统一

明朝万历年间,东北地区的建州女真陆续演变为苏克素浒部、浑河部、完颜部、栋鄂部、哲陈部五部,各部之间战乱不休。原建州左卫都指挥使努尔哈赤在纷乱中逐渐崛起。从万历十一年(1583年)到十六年,努尔哈赤不断出兵征战,五部次第归服。至二十一年,努尔哈赤又先后征服长白山三部。至此,努尔哈赤费时十年,最终统一了建州女真。

女真骑马武士雕刻

创立八旗制度

1601年,努尔哈赤始设四旗,以黄、白、红、蓝四色为别,每300人编为1牛录,设牛录额真1人,管理该牛录事务,五牛录为一甲喇,五甲喇为一旗。后来,因归附日众,努尔哈赤在原有四旗的基础上,增设镶黄、镶白、镶红、镶蓝四旗,合为八旗。八旗制度以旗统人,以旗统兵。八旗部众,出则征战,入则生产。耕战、户婚、赋役、诉讼诸事均由八旗各级组织管理。

清太祖努尔哈赤御用剑

后金建国

努尔哈赤统一建州女真后,又经过二十多年的奋战,相继统一了海西女真各部和野人女真大部。在统一战争中,努尔哈赤定国政,创建八旗制度,主持制定满文,兴建赫图阿拉城(今辽宁新宾西老城),逐步建立起较为完整的统治制度。1616年,努尔哈赤在赫图阿拉登位,建元天命,正式建立政权。国号仍沿用建州,1621年改称金,史称后金。

八旗军服

开铁之战

天命四年（1619年）六月，后金努尔哈赤以少量兵力直奔沈阳，而以主力突袭开原，一举拿下开原。七月，后金兵进军铁岭。铁岭守臣李如桢以孤城难守为由，退屯沈阳，仅以偏师守铁岭。后金进围铁岭，城外明兵争着退入城内，不得入者纷纷逃散，李如桢拥兵不救。明参将丁碧开门迎降，铁岭陷落。开、铁二战的胜利使后金取得了进取辽沈的有利态势，对后金在军事和政治上都有重要的意义。

宁远大捷

天启六年正月，努尔哈赤率军十三万西渡辽河，直扑宁远（今辽宁兴城）。时宁远守兵不过两万，按察使袁崇焕临危不惧，誓以死守。后金久攻不克，努尔哈赤身受重伤，撤回沈阳。宁远大捷是明朝对后金作战以来取得的首次重大胜利，一度扭转了辽东战局。八月，努尔哈赤病死。清军此后不得不避开宁远，从喜峰口（今河北迁安西北）越长城入关内掳掠骚扰。

清太祖努尔哈赤的盔甲

宁远城东门

大政殿
大政殿是努尔哈赤占领沈阳后兴建的皇宫中的核心建筑，是努尔哈赤举行军政大典的地方。

辽沈之役

天启元年（1621年）三月十日，努尔哈赤率兵直指明辽东重镇沈阳，沈阳守将总兵官贺世贤、尤世功战死，沈阳陷落。三月十九日，后金包围明辽东首府辽阳。明军几经鏖战，兵败。辽东经略袁应泰自缢，辽阳遂陷。辽沈战役后，后金又连破镇江、海州等辽河以东七十余城，并将都城由萨尔浒迁往辽阳，正式统治辽河以东的广大地区。

福陵
努尔哈赤死后葬于沈阳东郊石嘴山，陵墓称福陵。

努尔哈赤之死

努尔哈赤自1583年同女真各部及明朝开战以来，百战百胜，但天启六年"宁远之战"的失利使努尔哈赤十分震怒，精神上受到很大创伤。回沈阳后，他一直陷于宁远惨败的沮丧中，无可自拔。是年七月，努尔哈赤身患毒疽。到了八月，病情突然加重，旋即在离沈阳四十里的鸡堡病逝，时年68岁。在满族及其国家的初期发展中，努尔哈赤起到了重要作用。清朝建立后，他被追尊为清太祖。

皇太极时期的民族政策和官制

努尔哈赤病逝后，其第八子皇太极继位。皇太极为加强汗权，削弱了三大贝勒的权力。他又仿效明制，在中央设立三院六部。1627年，后金与朝鲜订立江都之盟，割断了朝鲜与明的联系。此外，后金又采用联姻等方式笼络漠南蒙古。1635年，漠北蒙古也向后金示好，后金与蒙古结成牢固的政治军事同盟，解除了后金攻明的后顾之忧。

《清太宗文皇帝圣训》书影
此书反映了皇太极立纲陈纪、劝文讲武的政治与军事思想。

皇太极即位

努尔哈赤死后，后金的国政由八和硕贝勒（努尔哈赤以其子侄八人分任八旗旗主，称为和硕贝勒，位于其他贝勒之上）共同议处，为汗者须请贝勒推举产生。八贝勒中，代善、阿敏、莽古尔泰、皇太极势力最大。后金天命十一年（1626年）八月十三日，代善、阿敏、莽古尔泰等拥立努尔哈赤第八子皇太极继承汗位。九月一日，皇太极正式宣布即汗位，改元"天聪"。皇太极就是后来的清太宗。

清太宗皇太极朝服像

八旗官制的设立

皇太极即位后，将八固山厄真（旗主）设为八大臣，又设十六大臣，分在八旗之中，均"佐理国政，听断狱讼"，不参与出兵驻防。八旗另设驻防的十六大臣，出兵驻防随时调遣，也审理属下的词讼。天聪元年（1627年）四月，规定满洲八旗军官不得袭用汉军官名，仍用满语名称。各旗总兵官为昂邦章京，副将为梅勒章京，参将为甲喇章京，备御为牛录章京。管一旗者即为固山厄真。

满洲八旗旗帜

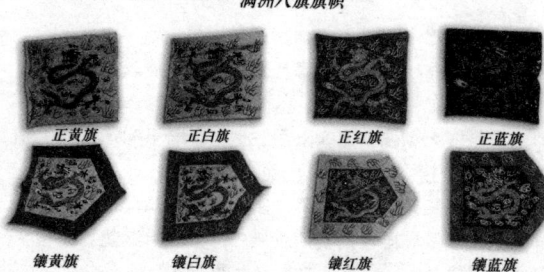

正黄旗　正白旗　正红旗　正蓝旗
镶黄旗　镶白旗　镶红旗　镶蓝旗

蒙汉的结纳

满洲诸部在建国以前，即与明朝的汉人接触频繁，也与近邻的蒙古多有来往。努尔哈赤时，满洲已与蒙古通婚姻。皇太极娶蒙古族后妃多人，使蒙古族妇女进入了满洲的统治核心。努尔哈赤时，满洲收纳了不少蒙古降将领兵。皇太极时满洲对外扩张，蒙古军将起了重要的协助作用。皇太极在改订满洲统治制度加强皇权的同时，多方接纳蒙古、汉人进入统治集团，这不仅有利于满洲控制漠南漠北蒙古，也有利于进一步加强后金(清)的军事、政治统治。

江都之盟

天聪元年正月，后金皇太极遣兵三万东征朝鲜。后金军先攻克朝鲜义州及明守将毛文龙屯驻的铁山，后又攻克安州、平壤，渡大同江，达平山城。朝鲜王李倧逃往江华岛，遣使求和。后金要求朝鲜与明断绝来往并每年进贡大批财物。三月，双方在江华岛签约，和约规定双方互不侵犯，永世相好。江都之盟割断了朝鲜与明朝的关系，使明将毛文龙陷入孤立无援的境地。

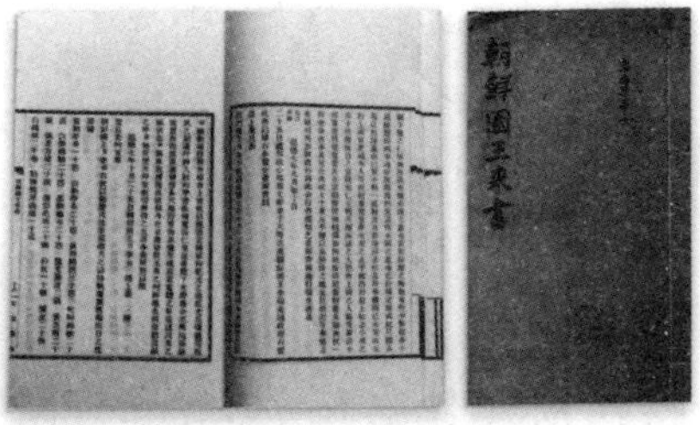

《朝鲜国王来书》

漠北蒙古臣服

天聪九年，皇太极派多尔衮征服漠南蒙古，随即派遣使臣去漠北喀尔喀蒙古的三大汗处议和。次年十一月，车臣汗派遣使者到盛京叩见皇太极，呈上奏疏，进贡马匹弓箭。1638年，土谢图汗、车臣汗、札萨克图汗均遣使来清朝贡，并规定此后每年进贡白马八匹、白驼一只，称为"九白之贡"。漠北蒙古（外蒙古）三汗由此成为清国的藩属，清国不再有后顾之忧，得以全力进攻明朝。

大清皇帝功德碑
此碑现仍立于韩国汉城汉江南岸。

皇太极改革官制

皇太极在建号清国前后，令人依仿明制，改订了中央官制。天聪三年，皇太极设文馆，翻译汉文书籍，记注朝廷得失。皇太极还依仿明制，于天聪五年设吏、户、礼、兵、刑、工六部，分理各项政务。十年，设都察院，掌监察事务，改文馆为内三院（内国史院、内秘书院、内弘文院）。1637年，改蒙古衙门为理藩院，专掌蒙古事务。

《设立六部文档》前部

沈阳故宫大政殿内宝座

削弱三大贝勒的权力

皇太极即后金汗位后，欲削弱诸贝勒权势，于天命十一年规定：凡议国政，各旗总理事务大臣与诸贝勒偕坐共议之；出猎行师，各领本旗兵行，一切事务皆听稽察。天聪三年，皇太极又废除三大贝勒按月分值政务的旧制，以诸贝勒代理值月，削弱三大贝勒实权。六年，皇太极废除自己与三大贝勒南面并坐受朝的旧制，改为自己一人南面独坐。三大贝勒的权力，被进一步削弱。

清军入关

1636年，皇太极称帝，改国号为大清。1642年，皇太极在松山之战中大败明军，摧毁了明朝的宁锦防线。次年，皇太极病逝，其第九子6岁的福临继位，是为清世祖，以皇叔多尔衮为摄政王。1644年，李自成率大顺农民军攻克北京，明将吴三桂乞援于清，多尔衮遂率师入关，击败大顺军，进入北京。同年十月初一日，福临在北京行登基大典，宣布"定鼎燕京"。

天下第一关——山海关
山海关是明长城东端最重要的关口。北临燕山，南临渤海，是中原与东北通道的咽喉。

建号大清国

后金汗皇太极为避免中原地区的汉人以仇恨历史上女真贵族的心理来对待自己，于天聪九年（1635年）十月，改族名女真为满洲。天聪十年四月，皇太极率诸贝勒大臣祭告天地。皇太极受宽温仁圣皇帝尊号，又改国号大金为大清，正式建立清朝，并以是年为崇德元年。皇太极即清太宗。皇太极改国号，在一定程度上避免了中原汉人以仇恨金朝统治者的心理对待自己。

松山之战

明崇祯十四年（1641年），清军围攻锦州。七月，明蓟辽总督洪承畴以十万大军驰援。洪承畴达松山、杏山一带，将骑兵环松山三面，步兵置乳峰山。皇太极遂于八月亲率大军驻扎于松山、杏山之间，绝明军后路。明军被迫撤退，路遭清军伏击，仅存残兵万余人被困于松山城内。次年二月，副将夏承德降清，引清兵破城，洪承畴被俘。此役使明朝设在关外的八个重镇丢失一半，宁锦防线已趋于崩溃。

皇帝夏朝服
清代沿用明朝帝服模式。此朝服的正面有十二章图案之黼黻。

顺治半身朝服像

顺治继位

崇德八年（1643年）八月，皇太极暴崩，满洲贵族集团内部为皇位继承问题发生了激烈的争执。睿亲王多尔衮为打破僵局，建议拥立皇太极第九子——6岁的福临为君，而由自己与郑亲王济尔哈朗共同辅政，得到各方一致赞同。八月二十六日，福临正式登极，受百官朝拜，宣布改元顺治，并以即位事颁诏于中外。

多尔衮摄政

多尔衮是努尔哈赤第十四子。福临继位后，他先与济尔哈朗同居辅政，继而称摄政王，独揽辅政大权。在摄政的八年中，多尔衮罢诸王贝勒管理部院事务，进一步限制了诸王管理政务的权力。又击败主要政敌豪格和济尔哈朗，后被晋为"皇父摄政王"，实际上享有皇帝的权威。顺治七年（1650年），多尔衮出猎古北口外，坠马受伤，死于喀喇城，年仅39岁。

《摄政叔父王令旨》

《八旗通志初集·正黄旗方位图》
清初清军正黄旗驻守德胜门内。

满洲入关

崇祯十七年三月，李自成农民军进攻北京，驻防山海关的吴三桂奉命率部入关保卫京城。十九日，农民军打进北京，吴三桂遂撤兵至山海关观望。李自成派人劝其投降，吴三桂假装表示归顺。四月十九日，李自成率军围攻山海关。二十一日，清军在山海关外击溃农民军一部。次日，吴三桂从间道直驰清营，拜见多尔衮，向清朝投降。二十二日，清军分三路入关。

山海关之战

崇祯十七年四月十三日，李自成向吴三桂劝降不成，便率农民军主力开赴山海关。十九日，农民军三面包围山海城，又出奇兵进抵关门，截断吴三桂与关外的通道。二十一日，农民军一部在山海关外十里处被清军击败，吴三桂乘机向清朝投降。二十二日，多尔衮兵分三路入关。当时农民军与吴军作战正酣，突然冲来带甲辫发的清兵，农民军毫无防备，抵挡不住，由胜转败，死者数万人。二十六日，李自成撤兵回京。

太和殿
太和殿俗称"金銮殿"，是故宫内等级最高的建筑，建于明永乐十八年（1420年）。现今的太和殿为清康熙三十四年（1695年）年重建。

山海关上的明代炮台

迁都北京

李自成回到北京后，鉴于当时北京难以坚守的形势，决定向陕西转移，凭借黄河、潼关天险与清斗争。四月三十日，李自成率军撤出北京。五月二日，多尔衮率清军入京。多尔衮遵循皇太极生前"若得北京，当即徙都，以图进取"的既定方针，建立起了统治秩序。九月十九日，多尔衮迎福临进京。福临十月初一即皇帝位，并颁诏天下，宣布"定鼎燕京"。

清朝初步统一中国

清军入关后，遍及全国的农民起义武装仍在坚持战斗，明朝残余势力又先后在南方建立了几个小朝廷同清朝对抗。清军经过多次战争，消灭了这些反清势力。为巩固政权，清政府制定法律；册封喇嘛，以加强对西藏的统治；为安置八旗军民，实行圈地运动，致使大批汉人无以为生；又强行实施剃头令，引起汉人强烈不满。明末至清初数十年，中国一直处在大动荡的局势中。

大清嗣天子宝

大顺军反清失败

顺治元年（1644年）七月，李自成率领大顺军反攻清军。十月，清军分兵两路，由英亲王阿济格和豫亲王多铎率领，追击大顺农民军。十一月末，多铎所率清军进逼潼关东二十里处。李自成亲率援军，扼守潼关，与清军鏖战十余日。次年正月，清红衣炮军至，巨炮轰击，李自成兵败，退奔西安。次年，李自成在通山县九宫山麓牺牲。

多铎入南京图
顺治二年，多铎进军南京，南明官僚跪在道路上，向清军主帅请降。

大西军抗清败亡

史可法

顺治二年十一月，张献忠率六十万大西军北上抗清，进驻西充西北的凤凰山。二十七日，叛将刘进忠引导清军突然袭击，大西军仓促应战，张献忠中箭遇难。张献忠牺牲后，大西军余部转入云南、贵州继续抗清事业。顺治十五年，清军兵分三路进攻贵州，大西军全线崩溃，精锐损失殆尽，余部退回昆明。次年正月，吴三桂率清军攻滇，大西军损失惨重。康熙元年（1662年），云南抗清基地全部被清占领。

李自成墓

史可法抗清

顺治二年，清兵南下，直逼淮安、泗州。南明督师史可法竭力筹划防御，但江北四镇不服调度。清军攻下泗州，并乘胜渡过淮河，史可法只得收拾军队退守扬州。四月，多铎以重兵包围扬州。史可法坚守孤城十余日，最终城破被捕。多铎劝降，史可法答道："城存与存，城亡与亡，我头可断而志不能屈。"遂慷慨就义。清军进入扬州后，大肆杀戮，奸淫掳掠，如此近十天，清军才宣布"封刀"。

清初圈地运动

清兵入关后,为了安置八旗军民,顺治元年,清廷下令"圈地",将近京荒地及明朝的无主庄田圈拨给八旗官兵。后清廷又于顺治二年、四年两次下令扩大圈地范围。被圈之地名义上是无主荒地以及原明宗亲驸马、公、侯、伯、太监走死逃亡之后所遗弃的耕地,实际上则往往以"兑换"的名义把有主之地强行圈占,而用以偿还的所谓"拨补"地大多瘠薄不堪耕种。更有甚者,则强行圈占而不给补偿。清廷通过三次圈地令,共圈占近京500里内的耕地不下16万顷,致使大批汉人倾家荡产。

清皇帝奉天之宝

剃发令的实施

剃发梳辫是满人特有的习俗。满族统治者占领辽东后,即令汉人剃发易服,以表示归顺。入关之初,迫于汉人的强烈反抗,清廷一度宣布暂停剃发。但清兵攻取南京之后,清廷便于顺治二年重颁剃发之令,限京城内外、直隶各省十日内全部剃发完毕,如有迟缓者,置重罪。剃发令传至江南,士民大愤,宁死不剃发。强行剃发令激起江阴、嘉定等江南各地士民的强烈不满,逃隐、出家、自杀,甚至群起反抗的事件层出不穷。

清朝男性剃发后的形象

达赖喇嘛五世像

制定大清律

清朝建都北京后,即命廷臣详译明律,参酌满汉条例,修定清律。顺治三年五月,大清律修成,称为《大清律集解附例》。刑分笞、杖、徒、流、死五等。死刑有斩与绞两种,各有"立决"与"监候"之别。较徒流为重、仅次于死刑者称为充军,发配边远地区安置。大清律基本上沿袭明律,起着维护满清封建秩序的作用。

《御制大清律·目录》书影

册封达赖

喇嘛教是佛教传入西藏以后,与当地宗教融合而成的一种活佛转世佛教,达赖即为活佛。早在清兵入关前,为了利用喇嘛教在外藩蒙古的影响平服外藩蒙古,努尔哈赤、皇太极先后与其频繁往来。1652年,顺治帝敕封达赖为"西天大善自在佛所领天下释教普通瓦赤怛喇达赖喇嘛",赐金册金印。清政府册封达赖,意在利用喇嘛教和达赖在西藏及蒙古地区的影响,加强对这些地区的控制和管理。

顺治时期的改革

多尔衮死后，14岁的顺治帝福临开始亲政。此时济尔哈朗成为最显赫的贵族，他对多尔衮一系展开了反击，控制了议政王大臣会议，满洲贵族之间的矛盾、满汉官员之间的矛盾又开始发展。为了巩固统治，顺治帝沿着多尔衮依仿明制以建立封建统治的道路，继续对清王朝的制度进行改革，还在全国编审人丁，改定官制，设立十三衙门。

孝庄文皇太后
皇太极妃子，顺治帝的母亲。正是由于她杰出的政治才能，顺治帝才得以登基。

顺治亲政

顺治帝福临即位时年仅6岁，由其叔多尔衮摄政。顺治七年（1651年）十二月，多尔衮死，顺治帝亲政。14岁亲政的顺治帝颇有作为。他在亲政的10年中，继续重用汉官，尊重儒家文化，笼络汉族地主；抑制八旗贵族的势力，恢复内阁六部制度，使中央集权得到加强；对各地的抗清运动采取剿抚兼施、以抚为主的政策；整顿赋役制度，增加财政收入，缓和社会矛盾。这些措施促进了国家的统一，巩固了清朝的统治。

清官员夏秋季戴用的礼冠

清官员冬春季戴用的礼冠

四大臣议政

多尔衮死后，其派系贵族纷纷被议罪削爵，原来遭到贬斥的贵族则被平反复爵。1652年，济尔哈朗被加封为"叔和硕郑亲王"，掌大权。镶黄旗鳌拜、正黄旗昂邦章京索尼、正白旗的甲喇章京苏克萨哈均被授内大臣、议政大臣，而所部三旗由顺治帝直接统领，成为新的上三旗（原正蓝旗换出）。鳌拜、索尼、遏必隆、苏克萨哈四大臣统领皇帝的侍卫，参与议政。以济尔哈朗为首的贵族，控制了议政王大臣会议。

清一品文官官服补子

清初官制的改革

1658年，顺治帝谕吏部改定朝廷官制，撤除弘文院、国史院、秘书院等内三院，销毁旧印。内三院满汉大学士改加殿阁大学士（中和殿、保和殿、文华殿、武英殿、东阁、文渊阁）衔，兼管某部尚书事，统称为内阁。另设翰林院掌管文翰，设掌院学士一员，学士若干员。朝廷官衙和官员名称均为满汉并用。内阁满语称多尔吉衙门，翰林院满语称笔帖黑衙门，各级官员均各有满汉名称。

十三衙门的设立

顺治十年（1653年）六月，清廷裁内务府改设十三衙门，由满洲近臣与宦官分理其事。顺治规定各衙门宦官官员不能超过四品，不许擅出皇城，不许交结外官。后又命工部立内十三衙门铁牌，严禁宦官窃权干政。但宦官吴良辅等同外廷官员结交通贿，请托营私之弊仍时有发生。顺治帝死后，十三衙门被撤，内务府恢复。

内务府的设置

清入关后，鉴于明代宦官弄权之害，特设内务府，总承宫室之事，包括管理宫廷中的财政收支、皇室膳食以及宿卫宫城的上三旗军营事务等。顺治帝时改为十三衙门。1661年，清廷裁撤十三衙门，仍设内务府，自此成为定制。内务府堂及属下的七司、三院等五十余个机构，总称为总管内务府衙门，长官为总管内务府大臣，由满族王公大臣兼任或另行简用。下设坐堂郎中、主事、笔帖式等官。

十三衙门铁牌

编审人丁

明末清初，前后延续四十年的战乱使社会经济遭到严重破坏，人口大量损耗，户口册籍多毁于兵火。顺治十一年，户部议请从次年开始编审人丁，凡故绝者开除，壮丁脱漏及幼丁长成者增补，其新旧流民俱编入册。顺治帝接纳此议。自十二年，政府开始清查全国人丁户口，编审造册。编审人丁是实行赋税差役等封建剥削的措施。但人丁被编审入册，就不能任意俘掠或逼勒投充为奴，此举因此也是对满族奴隶制残余的一种限制。

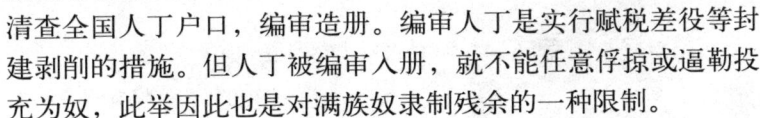

"总管内务府印"印文

总管内务府印

"户部之印"印文

更定逃人法

为防止不堪忍受奴役的奴仆逃亡，早在努尔哈赤时期，后金即制定了追捕逃人的禁令。清廷入关后，将有关"逃人"的法令命名为《督捕则例》。顺治九年，清廷修改逃人法，制定了隐匿、查解逃人功罪例，对窝主（窝藏逃人之人）苛责更严，并实行连坐法，窝主邻里及当地官员都要受牵连。然而逃人仍与日俱增。顺治十一年，为了加强镇压逃人，清廷又专门成立了督捕衙门，严究逃人。清政府的这些严厉措施导致了很多弊端，社会各阶层普遍反对。顺治帝本人也觉得"立法太重"，遂于顺治十一年九月予以下诏更定，并逐渐放宽了逃人法。

郑成功

迁海令的颁布

清初，明将郑成功率部在东南沿海，后转至台湾，坚持抗清斗争。清廷招抚、征讨均未奏效，深以为患。为防止内地人民对郑成功抗清队伍的支持，1661年，清颁布迁海令，强迫福建、浙江、江南、广东等省沿海居民内迁30里到50里。禁区之内，房屋全部拆毁，耕地尽行抛荒，严禁人民入海谋生。边海人民因此流离失所，被迫反抗。1681年，清廷决定统一台湾，才撤销迁海令，允许沿海居民展界复业。

康熙之治

顺治死后，其子玄烨继位，是为清圣祖康熙。康熙八年，康熙铲除鳌拜，开始亲政。康熙帝重用汉人官员，恢复内阁制，提高汉官的地位，缓和了满汉之间的矛盾。康熙又于康熙初年平定了盘踞在云、贵、闽、粤的三藩割据势力叛乱，于1683年统一了台湾，1695年平定了噶尔丹叛乱。通过一系列的军事行动，清朝终于恢复了稳定的封建秩序。

康熙

雅克萨之战

康熙亲政

1661年，顺治帝病死。其三子玄烨即帝位，是为清圣祖，改次年年号为康熙，议政大臣索尼、苏克萨哈、遏必隆、鳌拜四人受遗诏辅政。后鳌拜势力日益嚣张，独断专权，康熙帝深恶之。康熙八年（1669年），康熙帝在太皇太后的支持下，设计将鳌拜革职拘禁，清除了亲政道路上的绊脚石。从此，康熙开始真正主持朝政，一直到康熙六十一年（1722年）病逝。

内阁制的恢复

四大臣辅政时，废除顺治时实行的内阁制，复行太宗时的内三院制。康熙九年，康熙帝恢复内阁和翰林院。他按顺治十五年旧制，在内阁中和、保和、文华三殿设大学士。任图海、巴泰为中和殿大学士兼吏部尚书，索额图、李霨为保和殿大学士兼户部尚书，杜立德、魏裔介为保和殿大学士兼礼部尚书，对喀纳为文华殿大学士兼工部尚书，熊赐履为翰林院掌院学士兼礼部侍郎。

养心殿西暖阁

汉官地位的提高

康熙帝除鳌拜后，锐意改变四大臣辅政时期的排汉政策，以消除满汉官员间日益尖锐的矛盾。康熙九年三月，康熙帝依顺治十五年定制，将满汉大学士、尚书至各部员外郎的品级划一，提高汉官地位。康熙帝又多方面招任汉人官员文士，利用传统的儒术去征服汉族的臣民。江南士人经由各种途径，大批进入清朝政权，跻身于统治集团的行列。

釉里红团花纹水丞

设置南书房

1677年，清廷始设南书房，在翰林中挑选张英等入直其中，名为"南书房行走"。最初只是让张英等日常侍奉，讲论经义。但时值三藩之乱，军务繁忙，康熙每于听政之后即入南书房，常令张英等承旨拟诏，此后渐成常例。南书房行走实际上成为皇帝的机要秘书，议政王大臣会议及内阁的一些事权渐归于南书房。

清南书房原址

平定三藩

清初，清廷以平西王吴三桂镇守云南，以靖南王耿精忠镇守福建，以平南王尚可喜之子尚之信镇守广东，号称"三藩"。三藩各拥重兵，割据一方。康熙亲政后，将三藩视为心腹之患，决计除藩，遂于康熙十二年下令撤藩。吴三桂于是联合其他两个藩王在云南起兵反清，史称"三藩之乱"。后吴三桂病死，清军于二十年攻破昆明，吴三桂之孙吴世璠自杀，其余二藩降清。

《纪功图卷》局部
此图为董卫国平定三藩之乱的情景。

郑成功收复台湾

荷兰殖民者于17世纪初窃据我国台湾，施行残酷的殖民统治。1661年四月，南明将领郑成功率军两万五千人从金门岛出发，进军台湾，首先攻占了赤嵌城（今台南），然后围攻台湾城（今台南安平镇）。八月，荷援军到台。郑军在台湾人民的支持下大败荷兰援军。次年一月，郑军集中兵力猛攻台湾城。荷兰军走投无路，于2月1日签约投降。10日，荷兰残部退出台湾。台湾于是成为南明抗清基地之一。

《巡视台阳图卷》局部
清朝统一台湾后，清政府设置了巡台御史。

郑成功收复台湾

统一台湾

郑成功收复台湾后，当年病死。其后，台湾内乱不止，连年歉收。此时清朝已平定三藩之乱，社会安定，兵力甚强。郑军守将刘国轩欲与清议和，求为藩属国。康熙帝指出台湾居民多闽人，不当与外国相比，断然拒绝刘国轩要求。康熙二十二年六月，清派兵突袭澎湖，刘国轩逃回台湾。八月，清攻台，台湾投降。二十三年，清廷设置台湾府，下设台湾、凤山、诸罗三县，隶属福建省，并屯兵驻守。

康熙时期民族边疆的治理和对外战争

康熙帝在汉族地区的统治巩固后，又相继在边疆各民族地区建立起统治秩序。康熙帝打退俄国的侵犯，与其订立《尼布楚条约》；其后订立制度，加强对东北地区的军事政治统治，并进行了经济开发。康熙帝经过长期战争，在蒙古建立起盟旗制度；驱逐了准噶尔在西藏的势力；册封达赖，在西藏建立起噶伦制度。经过近四十年的边疆战争，康熙帝逐渐确立起对蒙古、西藏地区的统治。

康熙帝御用对印

《康熙帝出巡图》
康熙帝巡视东北军事设施，又对当地官员作出抵御沙俄侵略的详密部署，加强边境防务。

雅克萨之战

康熙二十一年，康熙帝亲自出巡东北，为收复雅克萨做准备。二十四年六月，清军到达雅克萨城下，以战舰封锁江面，使用大炮攻城。城中俄军不敌，出城乞降，发誓永不再侵扰雅克萨。清军退后，俄军再度占领雅克萨。次年七月，清军两千余人围攻雅克萨，俄军被困达半年之久，原有的八百多人只剩下六十多人，遂同意谈判。清军主动停止进攻。二十八年，两国签订《尼布楚条约》，俄军撤离雅克萨。

清兵使用的"威远将军"炮

反击沙俄的侵略

17世纪初，沙俄就开始蚕食中国厄鲁特蒙古牧地。明末清初，中国西部地区为厄鲁特蒙古四部的准噶尔贵族所割据，沙俄趁机加紧侵略。1650年，沙俄强占黑龙江北、额默勒河（今额木尔河）河口对岸的雅克萨，并以此为侵略据点，纵兵四出。康熙二十一年（1682年），康熙帝出巡东北。二十四年，康熙帝派兵进军雅克萨，经多次战斗，俄军死伤惨重。次年冬，双方停战谈判。

中俄《尼布楚条约》

清军在雅克萨重创俄军后，康熙帝为集中力量征讨噶尔丹的叛乱，与沙俄罢兵和谈。经过十六天的反复交涉，康熙二十八年九月初七，中俄双方在尼布楚签署了《中俄尼布楚条约》，明确规定格尔必齐河、外大兴安岭和额尔古纳河为中俄边界线，外兴安岭与乌第河之间的两国边界待议，将原属中国的尼布楚地区划归俄国；俄方撤出雅克萨，该处俄人所筑城堡尽行除毁；双方皆不得收容对方叛逃人员，等等。这是中俄两国第一个边界条约。《尼布楚条约》签订后，中俄东段边界维持了近二百年的较为稳定的局面，两国贸易关系也有所发展。

《尼布楚条约》俄文、满文本 局部

东北地区的经营

清朝在订立《尼布楚条约》后的三十年间,加强了对东北边境地区的军事、政治统治和经济开发。清朝在边境城市建城设防,对松花江、黑龙江下游,乌苏里江两岸以及库页岛上少数民族未编旗的居民进行管理,在原来氏族组织的基础上,居民由姓长、乡长统领,归宁古塔副都统统辖。还规定旗地仍实行八旗制度,民地则实行府县制。清政府对东北地区的统治由此加强。

清茄皮紫釉双螭耳瓶

平定噶尔丹叛乱

清朝初年,漠西厄鲁特蒙古四部占据天山南北,并且控制了西藏地区。康熙时,占据伊犁河流域的准噶尔部成为四部中最强大的一部,与清朝为敌。康熙二十九年(1690年),清军于乌兰布通大败准噶尔部首领噶尔丹。三十四年,噶尔丹又大举内犯。次年,康熙力排众议,下诏亲征。清军分三路出击,西路军在昭莫多与噶尔丹展开鏖战,噶尔丹大溃,仅以数十骑逃遁,后自杀,乱遂平。

蒙古苏尼特古旗扎萨克印
扎萨克在蒙古语中意即"一旗之长"。

多伦会盟

清大破噶尔丹后,1691年,康熙帝亲自与内外蒙古各部首领在多伦诺尔会盟。会上宣布:保留喀尔喀蒙古首领原来的汗号;取消蒙古贵族旧有的济农、诺颜等称号,一律改为清王朝的亲王、郡王、贝勒、贝子、台吉等爵位;将喀尔喀三部分编为34旗,行政管理上与内蒙古同例。多伦会盟加强了清朝对喀尔喀蒙古的管辖,对抵制沙俄南侵、孤立噶尔丹叛乱势力起了重要作用。

乌兰布通古战场

《康熙帝为贡赏事给六世达赖谕旨》

对西藏统治的建立

平定准噶尔叛乱后,清将延信送暂住青海西宁塔尔寺主持教务的达赖进藏。1715年,15岁的六世达赖至布达拉宫坐床登座。清廷又派策旺诺尔布为定西将军驻藏,以额驸阿宝、都统武格参军事。清廷废除了第巴执政的旧制,采用拉藏汗时设噶伦(政务官员)的制度,封赏西藏有功贵族四人以爵位,俱为噶伦执政。清朝由此建立起对西藏的统治制度。

清初的思想文化和文字狱

明末清初，社会动荡，人民生活极端痛苦。这样的局势迫使许多知识分子认真探索社会实际问题，思想界呈现争鸣的活跃场面，许多具有唯物主义民主色彩的思想出现，西方的文化也引起中国学者注意。然而，清朝却加紧推行文化专制政策，以封建理学禁锢人民思想，大兴文字狱，下令毁书、禁书，提倡考据学，遂使厚古薄今、埋头考据之学风盛极一时。

康熙读书像

明清之际思想界的争鸣

明清之际是我国历史上一个剧烈动荡的时期，资本主义萌芽在缓慢发展，自然科学也有了一定的成就。在这种历史条件下，学术思想界呈现出诸家争鸣的活跃局面，出现了许多具有唯物主义和民主色彩的先进人物，黄宗羲、顾炎武、王夫之就是其中杰出的代表。他们精于经学、史学和文学，总结和发展了中国传统的唯物主义，批判了程朱理学的唯心主义观点，是中国启蒙主义思想的先驱。

黄宗羲和《明夷待访录》

清初三大思想家

浙江余姚人黄宗羲、江苏昆山人顾炎武和湖南衡阳人王夫之是清初著名的思想家。由于生活在急剧变化的时代，他们苦苦寻找解决社会问题的方案。他们对理学唯心主义进行了深刻的批判，提倡经世致用，追求社会变革，提出许多唯物主义的思想和观点。黄宗羲强调工商皆本，认识到工商业的作用。三大思想家把我国古代朴素唯物主义和辩证思想推向新的高峰，他们的学说对后世产生了深远的影响。

顾炎武

戴震

考据学的兴起

考据学，是指从文字音韵、名物训诂、校勘注释等方面从事经书古义的考证，并由此推广到考证其他古籍的学问。清朝建立后，清廷加强思想控制，知识分子不敢言及政事，只好埋头于故纸堆，于是考据学兴起。清代考据学有吴派和皖派之分，其中皖派以戴震为代表；之后又有扬派和浙江学派，后者是清代考据学的主力军，又是近代学术的开创者。

理学的提倡

清朝为了巩固政权，开始从以武力平天下转为以文治国，其中重要的措施之一就是推崇理学。清政府强化理学教育的主导地位，科举考试以程朱所表彰的"四书"为主，而"六经"之学以程朱理学之说为本。清政府推崇理学，推动了儒学和理学的发展，促成了人们思想上的统一，在一定程度上巩固了清朝的统治。

西学的传入

康熙帝自即位以来，不仅随汉人儒臣学习儒家经书，还从西方传教士那里学习天文历算等自然科学知识。康熙帝曾延聘比利时人南怀仁、葡萄牙人徐日升和意大利人闵完我等轮番进讲自然科学，每天约两三个小时，先后持续十余年之久。据统计，明万历至清顺治时，中国翻译出版的西方宗教和科学技术书籍，多达150余种。西方的科学技术受到中国学者的重视和吸收，士大夫研习西学，一时成为风气。

康熙帝西洋版画像

清代芙蓉花笔筒

庄廷鑨案

为加强封建文化专制，清朝统治者大兴文字狱。庄廷鑨案，又称明史案，是清初文字狱之一。庄廷鑨是浙江富户，他出资写成《明史》一书，书中称清太祖努尔哈赤为建州都督，并直书其名；对清朝入关前的年代，用明朝年号；又把明将降清称之为"叛"等。1663年，原归安县知县吴之荣告发其事，此案遂成大狱。时庄廷鑨已死，被戮尸枭首。其弟被诛，其父死于牢中。此案株连死者计七十余人，其中江南名士吴炎、潘圣章因被该书列入校阅者名单内亦被处死。

《庄氏史案本末》书影

《南山集》案

《南山集》作者戴名世，康熙四十八年（1709年）进士。康熙五十年，左都御史赵申乔参奏戴名世中进士前所撰《南山集》中"倒置是非，语多狂悖"。经查明，该集中多采录方孝标《滇黔纪闻》中所记南明抗清史事，并用弘光、隆武、永历等南明年号。清廷遂将戴名世处斩，已死的方孝标处以"剉尸"之刑。戴名世、方孝标之子弟、族人，为《南山集》作序及捐资刊刻者皆论罪。又行文各省将方孝标、戴名世所撰之书查出销毁，并毁其书版。清朝文字狱迭起，广大文士惴惴不能自保，造成社会人心动荡。

《南山集·与余生书》书影

雍正时期的吏治

1722年，康熙帝病死，皇四子胤禛继位，即雍正帝。为巩固皇位，雍正帝先后禁抑宗藩，削弱八旗贵族的势力，镇压满汉大臣，强化了专制统治。为了改变康熙末年吏治败坏的态势，雍正帝在即位后的几年间大力整顿吏治，成效显著。此外，雍正帝为加强王朝的统治效能，设立军机处，议政王大臣会议被进一步削弱。

清世宗雍正帝

粉彩玉壶

禁抑宗藩

康熙时，诸皇子权力颇重，互相倾轧，为争夺皇位而各结党派。雍正夺取皇位后，采用严厉手段打击宗室、王藩。八旗王公势力强大，雍正帝遂规定八旗王公对旗内人员不得随意调用，不得擅行治罪，使管理旗务的权力悉归皇帝委派的官员；又规定八旗王公不得交通外吏等。从此八旗王公的权力被削除殆尽，不再是制约皇权的因素。

年羹尧之狱

雍正帝能够顺利即皇帝位，内靠权臣九门提督步军巡捕营统领隆科多，外仗统兵前线的川陕总督年羹尧。雍正即位后，两人遂掌大权。年羹尧身拥重兵，又自恃有功，遂日益猖狂。雍正三年（1725年），雍正帝借年羹尧所上奏书字体潦草、语词颠倒为由，解除其兵权。未几，年羹尧被削职，后被押解至京，在狱中被迫自杀。雍正帝由此更进一步地加强了皇权。

年羹尧奏折

隆科多奏折

囚隆科多

隆科多是康熙帝懿仁皇后之弟。康熙帝授以步兵统军之职，令其掌握宿卫京师的兵权。康熙末，诸皇子争立，隆科多在这场争夺中具有举足轻重的地位。康熙六十一年（1722年），康熙帝病危，隆科多被召至御榻前亲受顾命。及康熙帝死，隆科多遂口传遗诏，命雍正帝继皇位。故雍正帝继位初，对他加官晋爵，尊崇备至，将其任为总理事务大臣，兼吏部尚书，加太子太保衔。雍正三年，隆科多突然失宠，被解除总理事务大臣之职。五年，又以"大不敬"等罪名遭到禁锢。次年，隆科多死于禁所。隆科多获罪之由，向为历史疑案。

整顿吏治

康熙末年,吏治败坏已成为危及清朝统治的严重问题。雍正帝即位后,于雍正元年(1723年)即发布上谕十一道,历数官场种种积弊,指责各级官吏贪贿无能,华而不实,一再告谕澄清吏治。雍正帝大力整顿吏治,对朝中各部官吏进行裁减,下令清理亏空钱粮。为加强对各级官员的控制和深入了解下情,雍正帝还特定密折言事之制。通过这项法令,更加巩固了清朝的统治。

雍正帝观书像

清除冗劣

为整顿吏治,雍正帝首先罢斥各省巡抚中贪渎和庸懦不胜任的官员,亲自降旨革除不能胜任的江西巡抚王企清等多人;又令各省督抚整饬属下官吏,贪酷者参处,庸碌者裁汰。各部院遵旨甄别官吏,分为留任、改除(调任)、休致(退休)三类,裁减了大批冗吏。雍正四年,雍正帝又传谕令各部堂官对下属官员详加甄别,对不堪升用者尽行举出,以利精简。

雍正帝朱批奏折

火耗养廉

清初沿袭明制,各地征收钱粮,加收"火耗"(碎银加火铸成银锭时的折耗,亦称耗羡)。在这一政策实行过程中,官员任意加派侵贪,成为官场公行的陋习。雍正帝清理钱粮时,将各地加派的火耗分发给地方官员。雍正五年,又命各省督抚,就该省情形酌议具奏,着为定额。这一制度,称为"养廉",又称"耗羡归公",即耗羡由上级官府依定额发给官员,对限制官吏横征加派,改变官场上下公开贪污的积弊,有一定的作用。

清代珐琅双耳盖炉

军机处的设立

清朝初年,沿袭满洲贵族议事的旧制,设议政王大臣会议,决定军国大事。雍正三年,雍正帝撤销总理事务王大臣制。八年,雍正帝在内廷设军机房,命怡亲王允祥,大学士蒋廷锡、张廷玉等密办军需事宜,参与军机要务,随后改称军机处。十年,铸造"办理军机印信",军机处成为正式的常设机构。雍正帝每天与军机大臣一起处理各地呈送的各种文书,迅速批交内外官员办理,使办理军务手续简化,行事快捷,加强了王朝的统治效能。议政王大臣会议渐成虚设,逐渐被军机处取代,皇权进一步加强。宣统三年(1911年),军机处与内阁合并,成立责任内阁,军机处之名遂废。

军机处值房

雍正乾隆时期的边疆治理

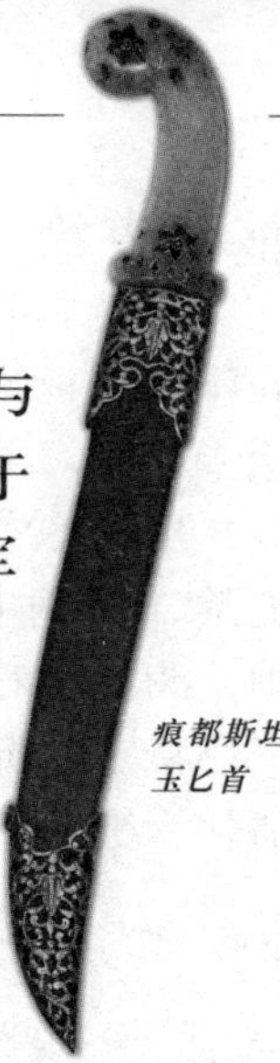

清廷与俄国签订《尼布楚条约》，划定东部边界后，又与俄国划定中俄中部边界，稳定了中国东北边界局势。清廷于1727年在西藏设立驻藏大臣，加强了对这一地区的统治。清军又多次平定北方少数民族的叛乱，并设置伊犁将军，总管天山南北广大地区的事务。1771年漠西蒙古土尔扈特部的回归，又为我国多民族国家的巩固和发展谱写了新的篇章。

痕都斯坦玉匕首

划分北疆

《尼布楚条约》签订后，沙俄继续蚕食中国北部领土。雍正五年（1727年），中俄签订《布连斯奇条约》。次年，两国又签订《恰克图条约》。贝加尔湖地带原为蒙古土谢图汗领属的布里亚特蒙古故地从此归于俄国。清王朝则确立了对喀尔喀蒙古地区的领属，加强了对蒙古的统治。该条约的签订暂时遏制了沙俄在蒙古地区的进一步扩张，使中俄中段边界维持了一百余年的稳定局面。

《广舆胜览图·俄罗斯人》 这是清朝人眼中的俄罗斯人形象。

清蓝晶朝珠

平定西藏战乱

康熙末年，清军击败准噶尔部对西藏的侵扰后，护送六世达赖格桑嘉措自青海入藏。清廷命拉藏汗旧臣康济鼐辅达赖管理前藏事务，颇罗鼐管理后藏事务。雍正五年六月，西藏噶伦阿尔布巴等杀害康济鼐，篡夺西藏地方政权，并向后藏进兵。雍正帝即派兵入藏平叛。清军抵藏前，颇罗鼐已调集藏兵九千人，于次年七月攻占拉萨，捕获阿尔布巴等人。战乱遂平。

《格桑嘉措像》唐卡

设置驻藏大臣

1727年，清朝平定阿尔布巴之乱后，以僧格、玛腊为正副驻藏大臣，领川陕兵两千人镇抚前、后藏，并规定三年一代之制，此为设置驻藏大臣之始。1793年，清廷颁布《钦定西藏章程》二十九条，规定驻藏大臣在督办西藏事务方面具有与达赖、班禅同等的权力。西藏各级官员的任免须由驻藏大臣会同达赖议定，各类事务必须禀命于驻藏大臣；达赖、班禅及各地呼图克图转世必须通过由驻藏大臣主持的金瓶抽签仪式确认，他们的坐床典礼必须在驻藏大臣的主持下进行；驻藏大臣还有兵权、财权等。清朝由此进一步加强了对西藏地区的管理。

大小金川之战

　　大小金川是大渡河上游的两条支流，流经藏族分布区。清初在其地设置大小金川两土司以进行管理。乾隆十二年（1747年），大金川土司莎罗奔屡次寇掠邻近土司，并将前去镇压的官兵击败。乾隆帝遂派兵攻打，莎罗奔谢罪请降，清军撤出。数年后，大小金川两土司相互勾结，又与清兵对抗。乾隆三十六年，清廷第二次征讨金川，将叛军击败。

兆惠

绥疆懋绩

大金川人 　　小金川人

设置伊犁将军

　　为加强对天山南北广大地区的统治，清政府于1762年在惠远城设置伊犁将军。伊犁将军是总统新疆南北两路事务的最高军政长官，凡乌鲁木齐、巴里坤所有满洲索伦哈尔绿旗官兵皆听将军总统调遣。自叶尔羌、喀什噶尔以至哈密等处驻扎官兵，亦归将军兼管。伊犁将军的设置对巩固我国的西北边疆具有重要的意义。

《平定伊犁回部战图册·凯宴将士》

平定大小和卓叛乱

　　乾隆二十二年，分布在新疆南部的维吾尔族首领大小和卓建立割据政权。清廷派兵征讨，大挫叛军，和卓兄弟逃遁。次年，定边将军兆惠督军阵黑水营，被叛军包围，相持三月余，围解。清军遂分路进兵攻讨。二十四年，在伊西洱库之战中，叛军全军覆没。从此，清朝在天山南路的统治得以巩固。

土尔扈特部回归

　　土尔扈特是我国西北厄鲁特蒙古四部之一。明清之际，他们游牧于额济勒河（今伏尔加河）下游地区，受到沙俄多方迫害与控制。1765年，沙俄政府大量征调土尔扈特人为兵充当前锋，死者七八万，引起土尔扈特部的不安与反抗。土尔扈特部首领渥巴锡汗决计武装起义，携族东归。乾隆三十五年十一月，渥巴锡汗率部十七万余人起程回国，他们克服了重重困难，终于在七月底进入伊犁。乾隆帝得悉后，立即采取赈济措施，并在热河围场接见了渥巴锡等人。土尔扈特部的回归，为中国多民族国家的巩固和发展谱写了光辉的篇章。

《西域回疆图册》局部
该图描绘的是土尔扈特部的游牧生活。

清朝中后期的社会矛盾

从乾隆后期开始，清朝的封建统治日趋腐朽，土地兼并日益严重，大量农民相继失去了土地，封建剥削却日渐沉重，人民贫困潦倒，社会呈衰败景象。清政府的统治力量也因财政匮乏、吏治败坏、武备废弛而渐趋薄弱。同时，统治者继续加紧推行文化专制政策。统治阶级的残酷剥削和压迫使各地农民起义不断发生，社会危机日益加深。

清翡翠十八子手串

清戏曲道具手铐

文字狱再起

雍正帝即位之后，为了巩固已得的胜利，除杀戮夺嫡诸王外，不惜借助文字狱来打击"党附诸王"的势力，扼杀知识分子的反清意识。文字狱的再次兴起极大地桎梏了学术思想的发展，助长了诬告陷害之风，是历史发展中的浊流。到乾隆末叶，文字狱隐伏着的社会危机日益加剧，清代统治者面临着比反清思想更为严重的社会问题，文字狱遂渐趋于平息。

禁毁书籍

乾隆三十八年（1773年），清廷开设四库全书馆，访求民间遗书以备采摘。次年即令：明末野史甚多，"必有抵触本朝之语，正当及此一番查办，尽行销毁"。此后，多次严令各省督抚查办违禁书籍，送缴北京。禁书的范围亦渐扩大，连宋明人论辽、金、元事的著述，其"议论偏谬"者亦不免于查禁。全部被毁之书不下三千余种，六七万卷，其数量与四库全书所收录者几乎相等。乾隆毁书是中国文化的一场浩劫。

清代铜鎏金笔架

乾隆蓝玻璃刻花蜡台

吏治的腐败

乾隆三十年至四十年间，清王朝已经陷入了衰败的境地。连年的战争和皇室贵族的靡费使朝廷财富日益虚耗；朝廷内外官员的贪污腐败更发展到了空前严重的程度，各省以督抚为首的贪污大案不断被揭露。乾隆帝虽然严厉惩处了大量的贪官，但依然不能制止遍及各地的贪风，因为朝廷中还有掌握大权的更大贪官。贪污腐败像蛀虫一样蛀空了清王朝的机体。

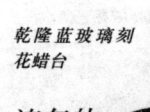

和珅擅权贪恣

乾隆四十年，满洲正红旗钮祜禄氏和珅被任为军机大臣，后又晋授议政大臣、领侍卫内大臣、文华殿大学士。和珅善于迎合帝意，深受宠信；又持权恣横，贪财嗜货，聚敛惊人。其用事二十余年，促成文武官吏贪墨之风。自朝廷到地方，形成了以和珅为首的庞大官员贪污网。清朝政府被这个密网所笼罩，吏治日益腐败，达到难以收拾的地步。

和珅府花园湖心亭

沉重的地租

清朝地主阶级对农民的地租剥削花样不断翻新，名目繁多。乾隆后期，农民除向地主交纳收获物的六成、七成甚至八成正租外，还要交附加地租，其名目除了节日礼品之外，在江南又出现了"轿钱"、"折饭"、"家人杂费"等名目。"摊丁入亩"之后，无地的佃农本来可以摆脱丁银的负担，但有的地主除了要农民纳租外，还把丁银转嫁到田租上，强迫他们代其"输纳钱粮"。广大农民日益贫困，阶级矛盾逐渐激化。

清玻璃胎珐琅彩人物鼻烟壶

清末农民耕种图
没有能力养活牲口的农民只得凭自己的力气耕种土地。

手工业工人的反抗斗争

乾隆后期，在封建统治者和作坊主的残酷剥削、压榨下，各地出现了很多手工业工人的反抗斗争。如咸丰、光绪年间，宁波手工业工人罢工者，仅伞工就有三百余人。手工业雇佣工人的反抗斗争，是新的经济因素在阶级斗争上的反映。当雇工起来进行斗争时，作坊主总是和封建官府勾结起来，对工人进行镇压。所以当时雇佣工人不仅遭受作坊主的剥削和奴役，而且同时还遭受清朝封建政府的压迫和束缚。这种情况使资本主义萌芽的发展，遭到了严重的阻碍。

禁门之役

乾隆后期，各地农民起义不断发生。嘉庆十七年（1812年），天理教教首李文成、林清等约定次年九月十五日直隶、河南、山东同时起义。及期，林清联络教徒二百人，潜入内城，同清廷侍卫在隆宗门外展开血战。起义军因寡不敌众被镇压，林清被捕牺牲。此役让清统治者大为惊慌，嘉庆帝哀叹道："从来未有事，竟出大清朝。"各地人民的起义斗争虽被镇压，却极大地削弱了清朝的封建统治。

林清画像

鸦片战争

清朝末年，西方列强加紧了对中国的侵略。英国为牟取暴利，向中国输入鸦片。1839年，林则徐在虎门销烟。英国侵略者遂于次年发起了第一次鸦片战争，清廷战败，与英国签订了中国近代史上第一个不平等条约——中英《南京条约》，中国开始沦为半殖民地半封建社会。1856年，英国又发动了第二次鸦片战争。清廷与之签订《北京条约》等一系列不平等条约，中国丧失了更多的主权和领土。

清人吸食鸦片的用具

清政府与英国签订《南京条约》。

鸦片的输入

清朝初年，英国在中英贸易中出现了巨额贸易逆差。为了扭转逆差，英国从18世纪初开始向中国输入鸦片。自1800年起，鸦片开始大量流入中国。中英贸易由此迅速发生了变化，英国由入超变为出超。罪恶的鸦片贸易给中国带来巨大危害。白银大量外流，统治阶级更加腐化，劳动人民的体质、精神也受到了极大的摧残。采取禁止鸦片输入的行动迫在眉睫。

英国东印度公司孟加拉邦鸦片制造厂仓库

虎门销烟

林则徐

道光十八年（1838年）底，清政府派湖广总督林则徐为钦差大臣，赴广东查办鸦片。次年3月，林则徐会同两广总督邓廷桢、广东水师提督关天培整饬海防，缉拿烟贩。18日，林则徐令各国商贩三日内尽数交出所蓄鸦片，至期英人拒不听命。24日，林则徐下令停止中英贸易，发兵包围英国商馆。英驻华商务监督义律被迫交出所储鸦片。7月13日到8月4日，林则徐令兵勇在虎门海滩凿方塘二口，纵横各15丈，前设涵洞，后通水沟，置盐于其中，引进成卤，投入鸦片，然后倾石灰沸之，将所收缴的237万余斤鸦片在虎门海滩当众销毁。这一行动沉重打击了英国侵略者的嚣张气焰。

鸦片战争

虎门销烟令英国恼羞成怒。1840年6月，英国在美国的支持下，派兵侵华。英舰在广州、厦门被清军击退后，转舵北上。7月，攻陷定海，北犯大沽。道光帝被迫对英宣战。次年5月，英军攻占广州四方炮台。8月，英军陷厦门，又连陷定海、镇海、宁波。1842年6月，英军攻陷吴淞，7月陷镇江，8月英舰驶达南京江面。清政府不得不与之求和签下《南京条约》，第一次鸦片战争结束。

三星旗
三星旗是三元里抗英农民的指挥旗。

三元里人民缴获的英军军服

三元里人民抗英

1841年5月29日，一小股英军窜到广州城北的三元里村抢劫行凶。菜农韦绍光等群起抗击，当场打死敌人数名。31日，广州附近县城数万义勇与三元里人民将英军盘踞的四方炮台包围。英军向清朝官府求救，群众队伍经清朝官府劝说方解散。三元里人民的抗英斗争是人民群众自发地反抗外国侵略者的英勇斗争，大长了中国人民的志气。

《南京条约》抄本局部

中英《南京条约》

1842年8月29日，代表清政府办理议和交涉的耆英、伊里布等人在英国武力胁迫下，与英国代表璞鼎查签订了中英《南京条约》。条约主要内容有：中国割让香港岛，赔偿英国2100万银元，开放广州、福州、厦门、宁波、上海五处为通商口岸，关税中外协定，废除"公行"制度。1843年，两国又签订《五口通商章程》和《虎门条约》，作为《南京条约》的补充。

咸丰帝朝服像

辛酉政变

1860年，咸丰帝在英法联军进京前逃往热河（今河北承德）避暑山庄，次年病死，遗诏其六岁子载淳继位，以怡亲王载垣等八位大臣辅政。载淳的生母慈禧太后勾结恭亲王奕䜣于11月在北京发动政变，将八位辅政大臣中三人处死，其余五人或充军，或革职。然后任命奕䜣为议政王，定年号为"同治"，载淳就是同治帝。从此，慈禧掌握了清朝最高统治权。1861年是农历辛酉年，所以这次政变被称为"辛酉政变"。

清恭王府一角

第二次鸦片战争

为扩大第一次鸦片战争的战果，1856年10月，英国以"亚罗号"事件为借口进攻广州，正式发动了第二次鸦片战争。次年，法国也率军进攻中国。12月，英法联军攻陷广州，其后进逼天津，清政府被迫签订《天津条约》。1860年，英法联军再次发动战争。10月，英法联军进犯北京，焚烧了圆明园。清政府被迫求和，分别与英、法、俄签订《北京条约》，第二次鸦片战争结束。中国半殖民地化的程度进一步加深。

维新思想的兴起

清代晚期，西学东渐逐渐成为潮流，旧的封建士大夫群体中分化出了一批主张开眼看世界、改良变法的思想家。他们大多感受到了封建文化的落后，要求向西方学习先进的资产阶级文化。这批人通过著书立说，阐释了自己的治国思想，表达出了期望国家富强，以抵御西方列强侵略的强烈愿望。其代表人物有早期的龚自珍、魏源，以及中后期的王韬、郑观应等。

潘仕成出资仿制的西洋战船
潘仕成是清朝鸦片战争失败后，把经世致用思想付诸实践的先驱之一。

道光帝朝服像

西学东渐

清代后期，列强的侵略和一系列不平等条约的签订给中国社会带来强大的冲击，同时也使西学传入中国的渠道日益通畅，大批传教士可以自由来往于中国的沿海和内地，传播宗教和西方各种科学知识。中国的知识分子不仅看到了西方的"船坚炮利"，也痛感到朝廷的腐败和中国科学技术的落后，激起了科学救国的热望。西学东渐渐成潮流。

龚自珍呼吁维新

龚自珍是道光年间的进士，著作有《定庵全集》等。他敏锐地感受到了封建社会的危机，大胆地揭露了清朝政治制度的黑暗和腐败。他警告统治者："起视其世，乱亦竟不远矣！"他呼吁清朝统治者要赶紧"更法"，以挽救国家的衰亡。鸦片战争爆发前夕，林则徐到广东禁烟，龚自珍特意写了《送钦差大臣侯官林公序》一文相赠，激励林则徐彻底禁烟，坚决抵抗外来侵略。

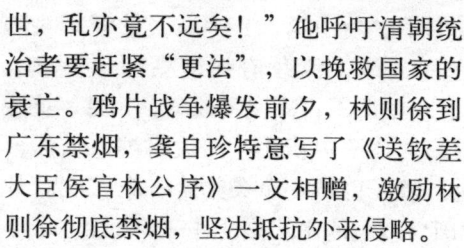

《定庵全集》书影

魏源与《海国图志》

曾任内阁中书等职的湖南人魏源留心"实学"，对国计民生极为关心。对于如何抵抗外国的侵略，魏源提出"师夷长技以制夷"的观点。1842年，魏源以《四洲志》等译稿为基础，编成《海国图志》100卷，系统地介绍了南洋、欧美各国的历史地理，对强国御侮的道路进行了比较深入的探索。《海国图志》是中国近代第一部较为详尽、系统的世界史地著作。

魏源与《海国图志》

徐继畬与《瀛环志略》

清末，能与《海国图志》相提并论的同类著作，唯有徐继畬的《瀛环志略》一书。徐继畬于1848年编成《瀛环志略》10卷。此书以地图为纲，全面介绍了世界各国的地理位置、历史沿革、人种风俗等内容，尤其对英、法、俄、意、荷、比、葡、奥等16国做了重点介绍。该书对国人了解世界，推行维新政治起了积极作用。

郑观应

郑观应是早期维新思想家的代表人物。他的著作《盛世危言》从政治、经济、军事、文化等方面论证了中国必须大力发展资本主义工商业，实行君主立宪制度的道理。他主张学习西方国家的"富强之本"，特别重视学习资本主义国家的议会制度。他公开代表资产阶级，直接要求封建王朝开放一部分政权，但仍寄希望于封建王朝自上而下地改良。他提出的资本主义经济纲领性口号"人尽其才"、"地尽其利"、"物尽其用"、"货畅其流"后被孙中山所接受。

《盛世危言》书影

《瀛环志略》书影

徐继畬画像

姚莹与《康輶纪行》

姚莹在鸦片战争中任台湾兵备道，在抗击英军的过程中曾取得过辉煌战果。《南京条约》签订后，他被贬至四川，后又罚往西藏。在西藏，他考察了祖国西南边疆的有关情况，于1846年写成《康輶纪行》一书。该书对西藏的历史、地理、宗教、政治等方面做了详细记载，对英国侵略者窥伺中国西藏表达了极大的忧虑。在书中，姚莹还对外国的史地、政治做了研究。

姚莹《中复堂全集》书影 《康輶纪行》即收录其中。

王韬

王韬是资产阶级早期改良派的代表之一。1867年至1870年间，王韬游历英、法、俄等诸国，眼界大开，思想激变。1874年，王韬回香港主编《循环日报》，积极传播西方文化，呼唤改革开放，倡导变法图强，其思想对洋务运动、维新变法和立宪运动都产生重大影响。他通过研究法国及欧洲其他国家的历史和现状，提出了中国人了解世界、认识世界的紧迫性。其著作有《法国志略》等。他还对君主专制制度进行批判。宣扬君主立宪、主张改良立新是王韬写作《法国志略》的主要目的。

王韬旧照

太平天国运动

洪秀全

鸦片战争后，清政府加紧搜刮人民，各地人民起义不断。其中规模最大的是洪秀全领导的太平天国运动。1851年1月，洪秀全等人聚众于金田村起义，之后队伍不断壮大，于1853年3月攻占南京，将其改为天京并定都于此。之后，太平军组织了声势浩大的北伐和西征，给清朝统治者以沉重的打击。后来太平天国统治集团内部发生分裂，而曾国藩与李鸿章分别组织了强劲的湘军和淮军乘机反扑，太平军经过殊死战斗，终归于失败。

团龙马褂
1851年，洪秀全率众起义，建立太平天国，自称天王，为自己制作玉玺，又在马褂上绣有代表皇帝的团龙图案。

金田起义

鸦片战争后，清政府为支付巨额的军费和战争赔款，横征暴敛。1843年，广西洪秀全创立拜上帝会，开始秘密从事反清活动，经过五年的准备初步组织扩展了势力。1848年后，广西连年灾荒，参加拜上帝会的人越来越多。洪秀全见时机已成熟，遂于1851年1月11日率众在金田村誓师，宣布武装起义，建号太平天国。

定都天京

金田起义后，太平军一路大败清军，并攻占了永安城。太平军在永安建立了各项制度，大大提高了战斗力。之后太平军又先后攻克全州、益阳、岳州，并在攻克岳州后建立了一支强大的水军。此后，太平军水陆并进，一举拿下武汉。之后，太平军首领经过协商，决定攻取南京，以为根本。1853年2月，太平军沿江东下，连克九江、安庆、芜湖，势如破竹，于3月20日占领南京，并定都南京，改称天京。从此太平天国政权正式建立起来。

《天朝田亩制度》内页

天朝田亩制度

1853年3月，太平天国建都南京，同年冬，颁布《天朝田亩制度》。其基本内容有：宣布一切财富和土地都属于皇上帝所有（即公有），根据"凡天下田，天下人同耕"的原则，重新分配土地等。这个纲领彻底否定了封建土地所有制，具有鲜明反封建性质。但是它力图建立在小生产的基础上，平均一切社会财富，却是一种绝对平均主义的空想。事实上这一制度在当时也未能真正得以实行。

太平天国天王玉玺

太平军北伐和西征

太平军定都天京后,清廷立即建立了江南和江北大营,包围天京。为确保天京的安全,洪秀全派林凤祥、李开芳等率两万多人北伐。1853年5月,北伐军进攻天津失利,北伐失败。太平军在北伐的同时又发动了西征。西征军在石达开、赖汉英、秦日纲、李秀成等人的率领下先后攻取了安徽、江西和湖北东部等广大地区,夺占了天京上游的安庆、九江、武汉等军事要地,从而为太平天国坚持斗争创造了条件。

太平天国士兵盔帽

湘军、淮军镇压起义

太平天国革命兴起后,满洲贵族、八旗子弟、绿营官兵都望风披靡,不堪一击,清朝政府不得不起用汉族官员办团练,抗击太平军。汉族官员曾国藩于1854年2月创建了湘军。湘军出师后,与太平军展开激烈争夺,最终于1864年8月攻陷天京,将太平天国运动镇压了下去。合肥人李鸿章是曾国藩的学生。在曾国藩南下江南时,他以湘军四营为基础组建淮军,镇压了江苏境内的太平军。太平天国起义失败后,湘军、淮军又镇压了北方捻军和西北回民、西南苗民的起义。

曾国藩像

《资政新篇》书影

《资政新篇》

1859年,太平天国精忠军师、干王洪仁玕根据自己在上海、香港等地学到的西方资本主义思想文化,写成了《资政新篇》这本具有统筹全局色彩的建议书。此书共有四部分:用人察失类,提出禁朋党之弊,反对结盟联党;风风类,要求革除腐朽生活方式,移风易俗;法法类,提倡实行新的社会和经济制度,仿效西方资本主义;刑刑类,建议采用新的刑法制度。《资政新篇》是中国近代第一个比较完整的要求实行资本主义制度的方案。但受当时条件的限制,该方案并未具体施行。

天京陷落

1862年,湘军进逼、包围天京。从当年10月13日起,太平军10万人在李秀成、李世贤等人指挥下,与强大的湘军激战于天京城外,大战46天仍不能破湘军之围。1864年4月27日,洪秀全病亡,其子洪贵福继位,此时天京城内能战之士仅三四千人。在粮尽援绝的极端困难条件下,太平军宁死不降,与湘军殊死搏斗。7月19日,天京被湘军攻陷,太平天国起义基本失败。

《清军奏报与太平天国交战图》

洋务运动

清廷在鸦片战争中的惨败震动朝野。清廷奕䜣、曾国藩、李鸿章、左宗棠等官员发起了多项以自强为名义的运动，因所有活动均涉及与外洋的交往，故称为"洋务运动"。洋务运动共推行了30余年，使中国出现了近代资本主义企业、近代海军、近代兵工厂、近代教育，引进了近代资本主义文化，也开始有了近代外交，因而从总体上说，这是中国向近代化迈出的第一步。

李鸿章像

总理衙门

1861年1月，清政府为办理洋务(外交)而设"总理各国事务衙门"，简称"总理衙门"，由恭亲王奕䜣主管。总理衙门最初主持外交与通商事务，后来扩大到办工厂、修铁路、派遣留学生等，成为清政府的重要决策机构。总理衙门首任事务大臣与外国侵略者关系密切，使总理衙门实际上成为外国侵略者控制清政府的总枢纽，这是中国半殖民地化的一个重要表现。

总理衙门旧照

同文馆设立

同文馆全称京师同文馆，是清末培养洋务人员的机构，也是中国清末第一所官办外语专门学校。同文馆于1862年成立，直属总理衙门。初设英文馆，次年设法文馆、俄文馆，后来又扩充设天文算学馆、德文馆、东(日)文馆，教习多聘外国人。初始，同文馆仅收少年八旗子弟入学，后一般学生皆可入学。学员主要学习外文，兼学数学、物理、化学等科。毕业后，学员大多任清政府外交官、译员和其他洋务机构官员。1902年同文馆改为译学馆，并入京师大学堂。

江南制造总局旧照

江南制造总局创办

19世纪60年代开始，清朝统治集团内部的一些官员在镇压太平天国运动和同西方国家交涉的过程中，体会到洋枪、洋炮以及近代机器的重要性，遂创办了一系列近代工厂、企业。1865年，李鸿章在上海虹口创立江南制造总局，其规模最大时有员工3000多人。该局的产品主要有枪支、大炮、钢铁、轮船等。除办工厂外，该局还设有"广方言馆"，招收学生学习外语、数学等科，后逐渐发展成"翻译馆"。

兴办近代通讯

1878年，五处海关开始试办邮政。1880年9月18日，李鸿章在天津创办"天津电报总局"，这是中国近代史上创办的第一家通讯企业。同年，李鸿章又在天津设立电报学堂，次年2月开始架设天津、上海之间的电线，11月竣工。后来电报逐渐推广，几乎遍及全国各重要城市。洋务派兴办近代通讯，加强了全国各地之间的联系，对于国家的发展起到了一定的作用。

清大龙邮票
这是中国自己发行的第一种邮票，其图案被称为"江山云龙"。

剪辫后身着西装的留学生

留学教育的开始

19世纪70年代，留学美国的先驱容闳向洋务派重臣提出了一个重要建议——派幼童出国学习，从此揭开了中国留学教育的序幕。在曾国藩、李鸿章的努力下，清廷派刑部主事陈兰彬及容闳为正副委员，常驻美国，主持留学教育的一切事宜。从1872年起，中国连续4年每年派遣幼童30名赴美留学。这些人多数成长为国家的栋梁之才，如民国首任总理唐绍仪、著名工程师詹天佑等人。可见，从客观上来看，留学教育的远期效益还是比较大的。

建立船政

洋务派兴建船政的运动主要表现为兴办福州船政局和船政学堂。1866年，左宗棠在福建马尾创建福州船政局。创建之初，以法国人充当工程师，英国人充任教员。内设绘事院（设计）、模厂、铸铁厂、船厂、轮机厂、船坞等，有工匠数千人。1869年制成第一艘轮船"万年青"号。船厂于1867年附设船政学堂，分前后两堂：前堂学习法文，学造船；后堂学习英文，学驾驶。学生毕业后，授以水师官职或派充监工、船主。学习科目有数学、物理、化学、天文学、地质学、画法等。教师聘自英法，教学体制参照英法海军学校。招收16岁以下资质聪颖、粗通文字的男童就读。

奕䜣旧照

改革军队

洋务派在创办军事工业的同时，又着手训练新式陆海军。1861年1月，奕䜣等奏请训练八旗兵使用洋枪洋炮，次年首先在天津成立洋枪队。接着，上海、广州、福建等地也分别成立了洋枪队，后来又陆续推广到沿海和沿江各省。70年代中期，洋务派开始大力创建海军。1875年，两江总督沈葆桢等人奏请筹建南洋、北洋和粤洋三支海军。1884年，三洋海军初具规模。1885年清政府成立海军衙门。1888年北洋海军正式成立，为当时中国最强的舰队。

中法战争与甲午战争

法军军服、护腿
此实物为镇南关大捷中中国军民的战利品。

侵占越南并以此为基地侵犯中国，建立一个所谓的"法兰西东方帝国"，这是近代法国资产阶级政府的一贯政策。1883年法国征服越南，1884年法国舰队强行闯入中国内河，并突袭中国福建水师，给中国造成了较大的损失。清政府被迫宣战，并取得了镇南关和谅山大捷。之后，日本又于1894年发动了侵略中国的甲午战争，由于清政府的"避战自保"政策，北洋海军全军覆没，清廷只得妥协求和。

中法战争

1883，法国征服越南，11月，向派驻越南的中国军队发起进攻。次年8月，法军侵犯福建马尾军港，清政府被迫向法国宣战。之后，法国海军先后侵犯台湾淡水和浙江镇海，均被守军击退。在陆路战场上，法军直逼镇南关(今友谊关)，清将冯子材率军取得镇南关大捷，并乘胜南进收复谅山。此时，清政府却诏令前线停战撤兵。1885年6月9日，李鸿章与法国公使巴德诺于天津签订了屈辱的《中法新约》(即《中法会订越南条约十款》)，中法战争结束。

冯子材

马尾海战

1884年7月，法国舰队司令孤拔率舰队强行闯进福建闽江。8月23日10时，法舰突然向港内中国军舰发动袭击，清朝水师仓促应战，士兵临危不惧，奋勇还击。由于李鸿章妥协退让，福建船政大臣何如璋禁止军舰移动，福建水师损失惨重：中国军舰被击沉11艘，商船被击沉19艘，官兵牺牲700余人。法舰又将马尾船厂及沿江炮台击毁。清政府得到报告，于8月26日被迫向法国宣战。

法国海军将领孤拔

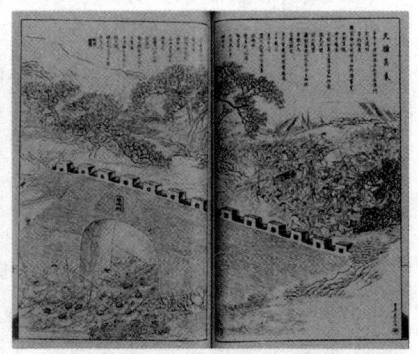

《点石斋画报·镇南关大捷图》

镇南关大捷

1885年初，法军攻占中越边境的谅山，清军溃退入广西镇南关。清廷只好起用退职老将冯子材。3月24日，法军司令尼格里率军分三路扑向关前隘。当敌逼近长墙时，年近古稀的冯子材持矛大呼，率其子跃出长墙，全军感奋，一齐涌出，与敌白刃格斗，击退法军。是役法军被击毙一千多人。冯子材乘胜反攻，连克文渊、谅山、长庆等地，重伤法军头目尼格里，俘获大批降军及战略物资。镇南关大捷扭转了中法战场的危局。

清廷设置台湾巡抚

中法战争爆发后，法国海军屡犯台湾。清廷启用刘铭传督办台湾军务。1884年8月，法军进犯台湾基隆，刘铭传率部坚决抵抗，打退了法军的进攻。10月法军又侵占基隆，进犯台北，炮轰淡水，刘铭传又率军将法军击退。至此，法军最终放弃了登台的计划。1885年，清廷将台湾从福建分离出来建立台湾省，由刘铭传任巡抚。之后，刘铭传积极经营台湾，使其获得了很大的发展。

台湾巡抚刘铭传旧照

朝鲜东学党起义

朝鲜东学党原名"东学道"，是当时的反帝爱国组织。东学道的创始人是崔济愚，信徒多数为农民。1894年，全罗道古阜郡守、贪官赵秉甲因万石伏水税事件，在古阜郡激发了东学党起义。1894年2月15日，全琫准（崔济愚弟子）率领东学道徒和农民袭击郡衙，攻击政府军。朝鲜政府不敌，遂向清政府求助。清廷派兵援朝，而日本则以保护其侨民为借口出兵朝鲜，并袭击中国军队，最终导致了中国与日本的战争，是为中日甲午战争。

李鸿章与伊藤博文等人会面图

中日甲午海战图

中日甲午战争

中日甲午战争是日本于1894年（甲午年）7月至1895年3月发动的侵略中国的战争。1894年7月25日，日军在牙山口外丰岛海面袭击中国的运兵船，挑起战争。在之后的黄海海战中，中国损失"致远"号等4艘军舰，但主力尚存；日本海军也遭到沉重打击。当时掌握军事、外交大权的李鸿章妥协退让，最终致使北洋海军在威海卫海战中全军覆没。陆战中，日军攻占了我国的大连、旅顺，并对旅顺人民进行了大屠杀。甲午战争充分暴露出了清廷的腐朽，也宣布了洋务运动的失败。

"致远"号管带邓世昌

《马关条约》

1895年4月17日，清政府被迫派议和全权大臣李鸿章赴日，与日本首相伊藤博文在日本马关签订了《马关条约》。其主要内容为：中国承认朝鲜完全"自主"，中国割让台湾、澎湖列岛、辽东半岛给日本，赔偿日本军费白银二亿两，开放沙市、重庆、苏州、杭州为商埠，允许日本人在中国通商口岸设立领事馆和工厂及输入各种机器，片面最惠国待遇等。这个条约表明外国资本主义对中国的侵略已开始进入帝国主义阶段，大大加深了中国的半殖民地化和民族危机。

清朝后期民族资本主义的发展

西方列强通过鸦片战争打开了中国的大门。继之大量工业商品涌进中国，冲垮了中国的自然经济。外国资本主义随之在中国兴办工厂，在这些工厂中做工的工人形成了我国最早的无产阶级。外国资本在客观上又促进了我国民族资产阶级的诞生。我国近代民族资本家中不乏爱国者，如近代著名实业家张謇，他兴办新式农场，又与汤震、康有为、梁启超等人提出"实业救国论"，力主兴国。

资生铁冶厂织布机旧照
1905年，张謇在南通创办资生铁冶厂。

西洋望远镜

自然经济的衰落

鸦片战争以前，自然经济在中国封建社会中占主导地位，主要是农业与家庭手工业相结合的"男耕女织"、"自给自足"的经济形态。外国列强入侵后，西方物美价廉的商品大量涌入中国，冲击着中国的自然经济。中国的自然经济遭到了前所未有的破坏，中国逐渐沦为资本主义工业国家的原料供给地和商品倾销地，逐渐被纳入了世界资本主义市场体系之中。

中国无产阶级的出现

中国无产阶级早在中国资产阶级产生以前就已诞生。19世纪40年代，由于外国资本的侵入，通商口岸已出现了一批码头工人。19世纪60年代后，中国民族资本主义企业勃兴，于是中国产业工人的队伍不断增长。到1894年约有九万多人。中国工业无产阶级从诞生之日起，便不断开展了反压迫、反剥削的斗争。这些斗争给予了外国资本主义和中国封建势力一定的打击，初步显示了中国无产阶级的力量。

阜丰面粉厂生产的"车辆面粉"袋
阜丰面粉厂由安徽寿州孙多森创办于上海沪西。

民族资本主义的产生

第一次鸦片战争后，外国资本侵入中国，并在中国建设工厂，为民族资本主义企业的发展提供了摹本。随着国内商品市场及劳动力市场的逐渐形成，一部分官僚地主和商人开始仿效西方企业建立民族工业。这时中国民族资本主义工业的产生有两种途径：一种是一部分官僚、地主和商人兴办了一些商办的近代工矿企业；另一种是原来的旧式手工工场或大作坊开始采用机器生产，从而转化为近代企业。

张謇与新式农业

20世纪初，中国民族资本家仿效西方资本主义国家农业生产方式，建立新式农垦企业的想法开始付诸实施。目前所知的中国第一家新式农垦企业是1901年由张謇在江苏南通创办的通海垦牧公司。到1912年为止，全国已经有171家新式农垦企业。新式农场的生产规模和资本主义成分已非早先那些经营地主、富农所能相比，有利于采用和传播先进的农业生产技术。它的出现，使中国农村中的资本主义生产关系被推进了一大步。

张謇旧照

上海求新制造机器局轮船厂旧照
民族资本家朱志尧于1902年创办，是当时新式机器工业中规模最大的华资私人企业。

胡庆余堂的创办

1874年，清末著名民族资本家胡雪岩投资20万两白银，在杭州西湖之畔创建胡庆余堂雪记药号，是为中国近代规模最大的民族资本主义企业之一。胡雪岩根据《太平惠民和剂局方》七百多年的临床经验，又多方搜求古方，精心筛选出配制丸散膏丹及胶露油酒的验方四百余种，前店后厂，自产自销。胡庆余堂的药因选料精良、制作精细、设备讲究、药效显著而享誉国内外。胡庆余堂因此获利甚丰。胡雪岩遂成为中国近代实力最雄厚的民族资本家之一。

胡庆余堂旧照

棉铁主义

张謇反对"商务立国"、"海陆军救国"和"教育救国"的思想，认为只有发展实业，加强国家经济实力才是根本，在各种工业部门中必须把建立和发展棉纺织业、钢铁工业作为中心。后来他把这种看法概括成"棉铁主义"或"棉铁政策"。在张謇看来，发展棉铁工业最有利于减少中国对外贸易的逆差。因为他认为贸易逆差较赔款尤甚，长此下去，"即不亡国，也要穷死"。他还认为棉铁是国家的基本工业，只有发展这两种工业，才能抑制外来经济侵略，取得国家的经济独立。再则，他认为中国经济力量薄弱，发展必须有重点。在棉、铁两种工业中，张謇尤其重视棉纺织业，一再强调"棉尤宜先"。"棉铁主义"的言论在当时产生了广泛而深刻的影响。

"实业救国论"的提出

19世纪末20世纪初，中国民族危机空前严重。面对这情况，广大人民义愤填膺，已经初步形成的中国资产阶级也日益焦虑。资产阶级上层人物提出了"实业救国论"，成为风行一时的论调。甲午战争后，陈炽在《续富国论》中鼓吹"劝业强国"，是为实业救国论的滥觞。20世纪初，张謇在理论上致力实业建设，并身体力行创办了纱厂、面粉厂等多种企业，此外他还兴办学校，力图以企业助教育，以教育兴企业，造成很大影响。宣扬实业救国的主要是民族资产阶级的上层人物，在国内以张謇、汤震为代表，在国外以康有为、梁启超为代表。

《日本变政考》书影
康有为为宣传变法编著《日本变政考》一书。

戊戌变法

戊戌变法是清末资产阶级维新派发动的变法运动，又称"百日维新"。1895年《马关条约》签订后，民族危机空前严重。同年5月，康有为、梁启超联合各省举人进行"公车上书"。1898年，康有为向光绪帝呈递了《应诏统筹全局折》，详论变法主张。6月11日，光绪帝宣谕《明定国是诏》，决定变法。变法触犯了顽固派的利益，9月21日，慈禧太后发动政变，囚禁光绪帝，杀谭嗣同等维新人士，变法失败。

《变法通议》内页

《公车上书记》
公车上书后，康有为写成《公车上书记》，回忆了会试举人联名上书的过程。

公车上书

1895年4月，清政府因甲午战败，被迫与日本签订《马关条约》。消息传到北京，群情激愤。时康有为适在北京参加会试，即联合各省应试举人，聚集达智桥松筠庵，讨论上书请愿。会后由康有为起草"万言书"，提出拒签和约、迁都抗战和变法图强三项建议，并详论"富国"、"养民"、"教民"等变法图强的具体措施。此即所谓"公车（'公车'为入京应试举人之代称）上书"。"公车上书"引起社会各界人士广泛的重视及同情，维新变法的思潮，也由此发展成为爱国救亡的政治运动。

强学会成立

强学会是康有为、梁启超在北京发起成立的宣传维新变法的政治团体，1895年8月成立。该会兼具学校和政党性质，主张变法图强，得到军机大臣翁同龢和工部尚书孙家鼐等人的支持，还创办《万国公报》（三个月后改名为《中外纪闻》）。后康有为又在上海设分会，发行《强学报》。1896年1月，慈禧太后查禁强学会，不久上海分会也遭查封。

康有为

保国会创立

保国会是资产阶级维新派创办的重要政治团体，1898年4月12日成立于北京粤东会馆，参加者有各省客人及官僚数百人。康有为在会上演讲，历述帝国主义侵略日急，瓜分危机严重的事实。会上通过了由康有为起草的章程共30条；以"保国、保种、保教"为宗旨，尊奉上谕为前提；规定在北京、上海设分会，各省、府、县皆设分会。此后保滇会、保浙会、保川会相继成立，维新变法的浪潮遍及全国。因顽固派疯狂打压，该会不久即停止活动。

百日维新

在维新人士的积极推动下，1898年6月11日，光绪皇帝颁布《明定国是诏》，宣布变法。变法历时103天，史称"百日维新"。变法的主要内容有：经济上，设立农工商总局、路矿总局，提倡开办实业，保护农工商业的发展，奖励发明等。政治上，广开言路，允许士民上书言事。军事上，裁汰绿营，编练新军。文化上，废八股，兴西学，创办京师大学堂，各地遍设中小学堂等。这些革新政令，目的在于学习西方文化、科学技术和经营管理制度，发展资本主义，建立君主立宪政体，使国富民强。

光绪帝读书像

慈禧太后

京师大学堂创办

京师大学堂是中国近代最早的国立大学。1898年6月，光绪下《明定国是诏》，宣布举办京师大学堂，"以期人才辈出，共济时艰"。军机处、总理各国事务衙门委托梁启超草拟京师大学堂章程上报，旋命孙家鼐管理大学堂事务，筹建校舍，于12月开学。大学堂章程计8章52节，对于办学总纲、课程、入学、学成出身、聘用教习、经费等均有详细规定。1910年京师大学堂发展为设有经、法、文、格致、农、工、商七科的大学。1912年始更名为北京大学。

梁启超旧照

变法失败

"百日维新"开始后，清政府中的顽固派阴谋破坏。9月中，光绪皇帝几次密诏维新派商议对策，但维新派无实权，只得建议重用袁世凯以对付顽固派。但光绪帝和维新派被袁世凯出卖。1898年9月21日凌晨，慈禧太后将光绪皇帝囚禁，发布训政诏书，再次临朝"训政"。之后，慈禧太后下令逮捕维新变法骨干，并将谭嗣同等六人杀害于菜市口。所有新政措施，除京师大学堂外，全部废止，戊戌变法失败。

戊戌六君子

戊戌六君子指的是在戊戌变法失败后被害的六位维新派志士。他们是谭嗣同、林旭、杨锐、刘光第、杨深秀、康广仁。谭嗣同，湖南浏阳人。1897年在湖南协助巡抚陈宝箴等举办时务学堂，次年办《湘报》，与杨锐、林旭、刘光第一起，称"军机四卿"。变法失败后，谭嗣同以"二百年来未有为民变法流血者，流血请自嗣同始"慷慨赴死。死时年仅34岁。其余五人，最大的杨深秀50岁，最小的林旭年仅24岁。戊戌六君子的英雄行为激励着更多的后来者为复兴国家而战。

谭嗣同

列强瓜分中国

甲午战争前后，世界资本主义列强先后进入帝国主义阶段。他们极力推行殖民扩张政策，中国陷入了被列强瓜分的严重危机当中：沙俄吞并中国东北，日本侵占台湾，英国侵略西藏。帝国主义列强还纷纷在中国强占"租借地"。同时他们向中国大量输入资本，在中国大设银行，争夺铁路修筑权和投资权，直接开矿设厂。中国的民族危机空前严重。

"番鬼托梁"雕像
清末，广西民众在修造房屋时，将法军小丑雕像压在房梁下，以示对侵略者的切齿仇恨。

《运载洋药凭单》
这份凭单规定，从英国伦敦运进的大宗鸦片可以自由免税地进入中国境内。

赫德把持中国海关

1858年，《天津条约》规定中国海关需聘请英人帮办。1859年，清政府任命英人李泰国为中国总税务司，1864年英人赫德继任，他把持中国海关达48年。在任期间，他建立了一整套殖民地海关制度，规定由总税务司掌握海关一切行政及人事大权，各口岸税务司及高级职员全由英、美、法、德等国人充任。1908年，总税务司的管理范围扩展到沿海沿江三十多个海关。

日本侵占琉球、台湾

1871年，琉球渔民遇飓风漂流至台湾，被高山族民众误杀。当时琉球是中国属地，但日本却借此于1874年派兵侵台。清政府派军赴台，部署防务。美、英、法出面调停，袒护日本。10月，清政府被迫与日本签订《台事专条》，日本勒索白银50万两后退出台湾。1879年，日本占领琉球。1895年，日本又占领台湾。

台湾人民誓师抗日图

德国山东总督府原址

德国强占山东

1897年，德国借口两名传教士在山东巨野县被杀，悍然出兵占领中国胶州湾，夺取青岛炮台。1898年3月，德国迫使清政府签订《胶澳租界条约》，强租胶州湾，租期99年，并攫取了在山东境内从胶州到济南的铁路修筑权和铁路沿线三十里内的开矿权。山东从此成了德国的势力范围。

沙俄吞并中国西北东北

　　侵吞中国巴尔喀什湖以东以南44万多平方公里土地后，1871年沙俄又侵占中国伊犁地区。通过1881年《伊犁条约》和以后几个勘界议定书，沙俄又割占了中国西北部七万多平方公里的领土。沙俄在第二次鸦片战争期间侵占了中国的黑龙江以北、乌苏里江以东大片领土后，又企图兼并黑龙江以南的中国东北地区。1900年7月，沙俄以保护中东铁路为名，分兵六路大举入侵东北。到12月，东北三省各主要城镇都被沙俄占领。

英商仁记洋行旧照

俄国财务大臣维特旧照
维特曾于1896年诱迫李鸿章签订《中俄密约》，从而使俄国得以将其势力伸入中国东北地区。

外国在华投资路矿银行

　　甲午战争后，帝国主义列强在中国大力增设银行，除原有的英、德、日等国银行外，俄、法、美也来华开设分行。列强还争夺在华铁路修筑权和投资权。到1900年，外国资本在中国夺取的铁路已达1.9万公里。列强还在华直接开矿设厂。1895年至1900年间，列强在华设厂总数达933家，严重排挤和压抑了中国民族工业的发展。

美国提出"门户开放"政策

　　1899年，美国先后向英、俄、德、法、日、意等国提出门户开放政策。主要内容有：美国承认各国在华所得的租借地、通商口岸和势力范围；各国运往自己势力范围各口岸的他国货物，均由中国政府按照中国现行关税率征税；各国在其势力范围内，对他国船舶不得课以高于本国船舶的港口税等。这项政策使得后到的美国得以插足中国市场。

驻扎在上海的美国兵旧照

《列强瓜分中国时局图》

时局图

面对帝国主义瓜分中国的狂潮，清末爱国人士谢缵泰于20世纪初发表了《时局图》。该图形象地反映出了当时中国民族危机的严重：图上的虎代表英国，它占据了长江流域和云南、广东的一部分；熊代表俄国，其势力范围在长城以北；肠代表德国，霸占了山东；蛙代表法国，其势力在广西和广东、云南的一部分；太阳代表日本，其割占了台湾、澎湖列岛，又将福建作为其势力范围；鹰代表美国，因为来迟没有夺到土地，就在一旁虎视眈眈。

资产阶级革命和清朝的灭亡

自鸦片战争以来，腐朽的清王朝逐渐变成了帝国主义的附庸。此时，民族资产阶级作为一个独立的阶级已经形成，资产阶级革命思想迅速传播，资产阶级革命团体也随之在各地建立。1905年资产阶级革命政党同盟会成立，随即发动了一系列武装起义。1911年，武昌起义爆发，全国各地相继宣布脱离清政府独立，1912年中华民国成立，清帝溥仪被迫退位，清朝灭亡。

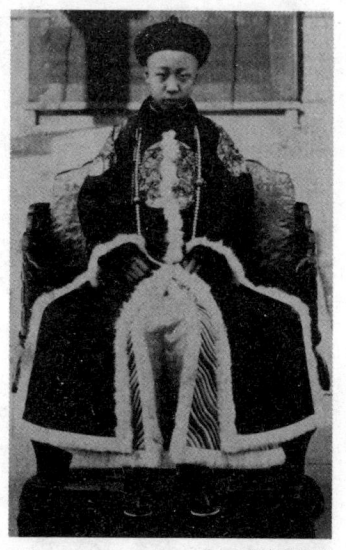

末代皇帝溥仪

兴中会成立

1894年，广东爱国人士孙中山在美国檀香山成立兴中会，这是中国第一个资产阶级革命团体。在兴中会章程中，孙中山号召爱国志士团结起来，"振兴中华，维持国体"。1895年，孙中山在香港成立兴中会总会，修订章程，明确要求会员为推翻清政府和建立资产阶级共和国而奋斗。兴中会的成立，标志着中国资产阶级革命派的初步形成。

孙中山

资产阶级革命书籍

革命书籍在中国资产阶级革命中起到了推波助澜的作用。其代表作品为《革命军》《猛回头》和《警世钟》。邹容在《革命军》中号召民众推翻清朝统治，反对外国侵略，建立独立自主的"中华共和国"，引起民众思想上的极大震动。陈天华在《猛回头》《警世钟》中，以群众喜闻乐见的文艺说唱和通俗流畅的白话文形式，揭露了帝国主义侵略和清政府的腐朽统治给中国人民带来的深重灾难，力图唤起大家为拯救祖国免于灭亡而斗争。

邹容旧照

同盟会会员证

同盟会成立

1905年7月，孙中山到达日本东京，同黄兴等人商议筹建统一的革命政党。8月20日，在孙中山的倡导下，以资产阶级革命团体兴中会、华兴会为主体，联络复兴会和科学补习所，在日本东京成立了中国第一个统一的资产阶级革命政党——中国同盟会。同盟会以"驱逐鞑虏，恢复中华，创立民国，平均地权"为政治纲领，选举孙中山为总理，由黄兴等分任执行、评议、司法三部工作；发行刊物《民报》，宣传"民族、民权、民生"三大主义。同盟会成立不到一年，就在国内外发展成员万余人。

黄花岗起义

1911年4月，同盟会成员发动广州起义，黄兴率林时爽、林觉民等敢死队成员一百二十多人，攻入两广总督衙门，焚烧督署后转攻督练公所，途中遭遇大队清军，展开激战。因其他三路起义队伍未能及时策应，革命志士伤亡惨重，牺牲一百多人。事后，由善堂殓收烈士遗骸，得七十二具，合葬在广州城外黄花岗，这就是黄花岗七十二烈士，这次起义也被称作黄花岗起义。

陈天华旧照

保路运动

光绪三十、三十一年，川汉、粤汉铁路收回后，清政府定为官督商办，并筹集商股民股共四千余万两。宣统三年（1911年）四月，清政府宣布铁路国有，向英、美、法、德四国银行借款600万英镑，将路权再行出卖。五月，四川成立保路同志会，宣示"拒借洋款，废约保路"。运动规模迅速扩大到四川、湖北、湖南、广东四省。七月，川督赵尔丰诱捕同志会首领蒲殿俊，枪杀请愿群众，制造"成都惨案"。各路保路同志军包围成都，把保路运动推向高峰，并促进了武昌起义的爆发。

黄兴旧照

武昌起义

1911年10月10日，武昌新军革命党人熊秉申、金兆龙率众起义，起义队伍迅速占领了楚望台军械库。起义军向湖广总督署发起进攻，湖广总督瑞澂逃跑。次日清晨，起义军占领总督署，并迅速占领武昌全城。汉阳、汉口亦相继被克。11日，义军成立湖广军政府。武昌起义的胜利震动全国，两周后，湖南、陕西革命党人起义响应。随后不到一个月，江西、山西、云南、安徽等十几个省相继宣布独立，响应起义。

被革命军攻克的武昌湖广总督署旧照

清朝灭亡

1911年武昌起义胜利后，革命党人成立湖北军政府。此后，湖南、陕西、江西、贵州等十四省相继宣布脱离清政府独立，形成了全国规模的辛亥革命。1912年元旦，南京临时政府成立，孙中山就任临时大总统，定国号为中华民国。1912年2月12日，清帝溥仪被迫退位，清亡。自清入关至覆灭，共历10帝，凡268年。中国历史从此进入了新纪元。

孙中山在南京总统府门前接受卫兵致敬。

清朝的文学和艺术

清代的绘画艺术成就很大，朱耷和扬州八怪的作品独辟蹊径，成就最大。清代的戏剧在明代的基础上又有了较大的发展，京剧形成。而中国古典小说已达到了很高的艺术水平，代表作有《聊斋志异》《儒林外史》等，而《红楼梦》则是中国古典小说的巅峰之作。

朱耷与扬州八怪

朱耷，清初画家。他擅长画水墨花卉禽鸟，画中形象古怪、夸张。他开清代水墨写意画先河，对后世中国画坛影响深远。乾隆年间出现的扬州八怪也以"狂"、"怪"著称。扬州八怪一般是指汪士慎、黄慎、金农、高翔、李鱓、郑燮、李方膺、罗聘。他们大多是仕途失意而居于扬州的职业画家。他们敢于创新，不为成法所囿，在人物、梅竹等方面都能新辟蹊径，创作出别具一格的作品。其画风多为后世画家所传承。

朱耷《秋山图》

《桃花扇》与《长生殿》

随着戏剧的发展，清初出现了一批优秀的剧本。《桃花扇》和《长生殿》便是其中昆曲的经典剧本。孔尚任所作的《桃花扇》根据"实事实人"而创作，通过描写侯方域和李香君的爱情故事，揭露了当时社会的黑暗现实。洪升创作的《长生殿》描写了唐玄宗和杨玉环的故事，是中国古典戏剧的经典剧本。孔尚任和洪升也因为他们的优秀创作，获得了"南洪北孔"的称誉。

孔尚任

《聊斋志异》和《儒林外史》

《儒林外史》书影

《聊斋志异》是清朝著名的文言文短篇小说集，共12卷，收录了近500篇作品。作者蒲松龄一生穷困潦倒，为了发泄不满，写出这部"孤愤"之作。此书以狐仙、鬼怪故事，隐晦地反映了当时的现实生活。书中的故事文笔流畅、语言简练、生动曲折、引人入胜。《儒林外史》则是一部长篇古典讽刺小说，为清代吴敬梓所著。此书通过生动而多样的艺术形象，辛辣地讽刺了当时社会上层各类人物的丑态，奠定了我国古典讽刺小说的基础。

《红楼梦》

　　《红楼梦》，原名《石头记》，作者曹雪芹。书中以贾、史、王、薛四大家族为背景，以贾宝玉、林黛玉的爱情悲剧为主要线索，描写了封建家族由盛而衰的过程。全书结构宏大，人物栩栩如生，语言纯净优美，不仅具有高度的思想性，在艺术上也达到了古典小说的巅峰。

《红楼梦》书影

《四库全书》的编纂

　　1773年，乾隆帝下令开设四库馆，编纂四库全书。共有三百六十多人参与编纂，历时15年才全部告竣。全书分编为经、史、子、集4部44类，收录图书3457种，79070卷。纪昀等另作《四库全书总目提要》200卷。书成之后共抄录7部，现完整保存的还有4部。《四库全书》是我国历史上最大的一部丛书，保存了大量的古代典籍，但清廷借编书之机对不利其统治的书籍进行大规模查禁、销毁及篡改，也造成了中国文化史上的一场浩劫。

《四库全书》书影

姚鼐《行书七言诗》

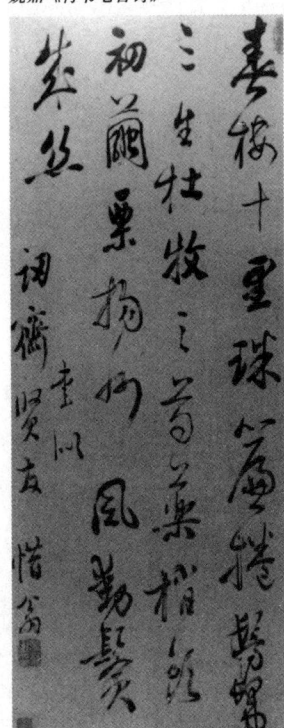

京剧的兴起

　　京剧又称"皮黄剧"，产生于乾隆年间。鸦片战争后，京剧发展为徽、汉、京三个艺术流派。太平天国以后，京剧渐入全盛期，不仅人才辈出，剧目亦多达"三千八百出"。杰出的演员谭鑫培、汪桂芬、孙菊仙等都各怀绝艺，技艺精湛。各地纷纷成立京剧戏班、剧社和戏学。京剧遂成为全国最流行的剧种。

《同光十三绝》局部
此图是同治、光绪年间北京名伶剧装写生。

桐城派的兴起

　　桐城派是清朝中期兴起的文学流派。其代表人物有方苞、刘大櫆和姚鼐。因三人都是安徽桐城人，故称"桐城派"。方苞提倡古文"义法"说，"义"即文章要有内容，"法"即文章要讲究"形式"，两者统一起来才能成为"成体之文"。至姚鼐时，桐城派已将"义法"发挥为神、理、气、味、格、律、声、色八个具体方面，主张将"义理"、"考据"、"文章"合而为一。桐城派的理论当时很受封建文人的重视，一时间"言古文者，必宗桐城"。

图书在版编目（CIP）数据

中国通史. 第2卷 / 龚勋主编. —汕头：汕头大学出版社，2012.1（2021.6重印）
ISBN 978-7-5658-0594-3

Ⅰ. ①中… Ⅱ. ①龚… Ⅲ. ①中国历史-青年读物②中国历史-少年读物 Ⅳ. ①K209

中国版本图书馆CIP数据核字（2012）第008749号

中国通史（第2卷）
ZHONGGUO TONGSHI DI 2 JUAN

总策划	邢涛	印刷	唐山楠萍印务有限公司
主编	龚勋	开本	705mm×960mm 1/16
责任编辑	胡开祥	印张	10
责任技编	黄东生	字数	150千字
出版发行	汕头大学出版社	版次	2012年1月第1版
	广东省汕头市大学路243号	印次	2021年6月第7次印刷
	汕头大学校园内	定价	34.00元
邮政编码	515063	书号	ISBN 978-7-5658-0594-3
电话	0754-82904613		

● 版权所有，翻版必究 如发现印装质量问题，请与承印厂联系退换